矢口新の
短期トレード教室

転換点を見極め、
利益を残す方法を学ぶ

著 矢口 新
ARATA YAGUCHI

PanRolling

序章　短期トレードは頭のスポーツ！

1. 短期トレードの魅力

　皆さんは投資運用が恐いものだと思っていますか？　投資運用が恐いと思っている人は、自分が行った選択の結果がすぐに見えるために、そう思っているのです。

　しかし、どんなことでも自分が選んだ道が正しいか、間違っているかの結果が見えないと、次のステップには進めません。見えないままに進み続けると、道を間違えていたと気づいたときに、後戻りするのが困難になります。

　例えば、学校選びや仕事選び、会社選び、結婚相手選びなど、結果がすぐには出ないことが、しばしば一生を左右してしまいます。そして、結果が見えたときには手遅れで、やり直したり、取り返すことが困難になります。それがリスクなのです。

　人は環境に左右されます。自然環境だけでなく、政治家や世界を動かせる人々が作り上げる社会環境にも左右されます。会社員ならば経営陣が作る環境に左右され、仕事内容や所得にも左右されます。その環境が、大袈裟に言えば、自分の生存や嗜好に適した環境ならば問題ないのですが、そうでない場合には、人生は必ずしも楽しいものではありません。

　一方、投資運用の面白いところは、自分のできる範囲内ですが、環境に応じた選択を行うことで、どんな環境でも自分の利益につなげることができる可能性があることです。

投資運用における大きな誤解のひとつは、中長期投資のほうが、短期トレードよりも、リスクが小さいと思われていることです。ただし、中長期投資は保有期間中に起こりうる投資環境の変化に弱いです。

　逆に、短期トレードはノウハウと経験、技術だけでほぼ完結します。

　また、結果がすぐに分かる短期トレードは、想定外のことが起きても迅速に対処できるために、傷口が広がりません。損失が出ても少なく、取り返すのも容易なのです。そもそも、想定外のことが起きる可能性も、中長期投資に比べて格段に低いのです。

　相場が恐いという人は、あまり相場を知らない人です。知っている人は、難しいと言います。難しいものは、努力することで対処できます。リスクを目の前で起きていることだけに限定すると、リスク管理が容易になります。

　一方、数日にわたる保有のリスクを管理するのは、分散投資が最も適切です。寝ている間も保有することになるので、短期トレードよりはリスクが大きく、狙えるリターンは下がりますが、時間と労力が省けます。

　ちなみに、私が提案する株式の銘柄入れ替えによる分散投資は、常に山越え確認、谷越え確認に近い銘柄に入れ替えることが決め手となります。そういった銘柄探しは、私が考案した「エスチャート・スクリーナー」が便利ですので、興味のある人は、生き残りディーリング塾（http://s-dealing.com）や、投資の学校（https://toushi-school.net）に、お問い合わせください。

　私が投資運用に関わってから30有余年になります。大手金融機関のプロのディーラーとして為替、債券、株式の取引を、東京、ニューヨーク、ロンドンの3市場で行いました。ヘッジファンドの運用も行いました。投資理論や経済のファンダメンタルズ、テクニカル指標、金融

商品などには精通しています。しかし、特に何が専門か、得意かと問われれば、「短期トレード」です。

　皆さんが短期トレードの魅力を理解し、多くの人が挑戦できるように、本書で短期トレードのすべてを伝えたいと思っています。

２. 短期トレードの注意点

　私が考える短期トレードの注意点は以下の通りです。

１）相場は値動きに対処するもの。特に、短期トレードでは目先の値動き（チャートの右端の足）を注視し、反応するように心掛ける。

２）手数料やスプレッドはできる限り無視し、それらに売買の判断が影響されないようにする。つまり、安全な業者である限り、あらかじめ手数料の安い業者や、流動性の高い商品を選んでトレードする。

３）個別株のトレードでは、特に流動性に注意する。日経 225 先物は手数料の安い業者を選ぶ。ＦＸは安全な業者を選び、流動性のある通貨ペアをトレードする。

４）大負けしないようにする。投資はビジネスだ。ビジネスとは利益を積み上げるものだ。そのためにはリスク管理を徹底し、一度や二度の失敗で、ビジネスモデルが揺らぐことを避けなければならない。投資で大負けすると、取り返すためにより大きなリスクを取るようになる。それでは、ビジネスが博打化する。初心者の段階から、リスク管理を徹底してほしい。

5）損切りは損失の拡大を防ぐために行う。当初は機械的に行って良いが、拡大する可能性があるか、ダマシかの判断力を養うと、収益力が格段に上昇する。

6）損切りポイントは1点でなく、幅を持って考える。その幅を越えたなら、原則的に損切るようにする。

7）損切りは儲けるためのコスト。つまり、負けた後も続けて何回か入れる金額でしかトレードしない。

8）勝っても負けても、その日のうちに決着をつけ、翌日に持ち越さない。

9）毎日、勝つことはできない。収益目標は1週間単位で考える。

3. 市場は寄り付き、指標発表前後、引け間際によく動く

1）市場で最も大きな金額を扱い、活発に売買するのはデイトレーダーたちである。デイトレーダーは、その日のポジションを翌日まで持ち越さない。

2）このことに、市場での出合いは常に売り買い1対であることを加味すると、デイトレーダーたちの損益は、ほぼゼロサムになることを示唆している。つまり、相場は天国でも、地獄でもない。

3）デイトレーダーたち以外の実需などの参加者は、市場を利用することで、基本的には何らかのコストを支払っている。このことは、デ

イトレーダーたちには勝ち目のほうが大きいことを意味している。だからこそ、金融機関はプロにデイトレードをさせている。

４）デイトレーダーたちはその本質から、寄り付きで買ったものは、引けには必ず売り払う。また、場中に何回か売買する。つまり、前場寄り後、前場引け前、後場寄り後、後場引け前に最も大きな動きをする。

５）場中の概念の薄いＦＸでも、東京時間、ロンドン時間、ニューヨーク時間のそれぞれ８時過ぎ（ロンドン夏時間は東京の 16 時、冬時間は 17 時過ぎ、ニューヨーク夏時間は東京の 21 時、冬時間は 22 時過ぎ）から動きが出始め、それぞれのランチタイム 12 時〜 13 時（ロンドン夏時間は東京の 20 時〜 21 時、冬時間は 21 時〜 22 時、ニューヨーク夏時間は東京の午前１時〜２時、冬時間は午前２時〜３時）前には手仕舞い等の動きが出る。そして、ニューヨーク時間の午後には、時間が経つにつれて手仕舞いが中心になってくるのだ。もっとも、大きな経済指標の前には手仕舞いの動きが見られ、後には指標に反応した動きが出る

６）一方、注目指標発表の前後では思惑が入り乱れるので、流動性に欠ける動きをすることが多い。

７）これらを理解すると、寄り後（各時間帯の食事後など）に方向感が見えたなら、積極的に関与すると効率がよい。週初にも同様の傾向が見られる。

８）また、大負けを避けるためには、指標発表前にはポジションを閉じておくことが望ましい。

９）最も効率的なトレードの基本は、山越え確認ができたら売り、谷越え確認ができたら買うことである。それは、最大の収益を狙いながら、リスク管理が容易なトレードだ。

４.短期トレードのメリット

　私が考える短期トレードのメリットは以下の通りです。

１）収入を得るチャンスがある。同時に損失を出す危険もあるが、損失は技術で小さく抑えられる。短期トレードを学べば、週間、月間では損が出ないトレードが可能だ。

２）自己実現の機会がある。相場は自分の考え方、ノウハウ、技術などを損益という「形」に変えることができる場所だ。負けても勝っても、基本的には誰にも迷惑をかけず、収益額に天井はない。

３）自分の都合（時間、資金量など）で行える。短期トレードはＰＣ１台、あるいはスマートフォン１台があれば、いつでも、どこでも行うことができる。収益チャンスは、肉体的なハンディキャップを含む、社会的弱者にも均等に開かれている。

４）結果がすぐに出るため、失敗したときの対処が速い。短期トレードのリスクは目に見える、目の前で起きているリスクなので、容易に対処できる。

５）持たざる者には結果がいる。スポーツ選手と同じだ。結果を出せば、未来が開ける。また、スポーツよりも、結果を出すことがはるか

に容易だ。

6）結果で権威を否定できる。裸の王様に怯えることはない。相場には象牙の塔も、白い巨塔も、ガラスの天井も存在しない。結果がすべてなのだ。

7）結果が伴えば、自由が手に入る。

5. 自分にできることにチャレンジする

　相場は世界を見る鏡です。全世界で起きているあらゆることが、人々の事情や意欲によって、市場価格に反映されているのです。

　そんな“相場”という鏡を通して、世界の政治経済を見ていると、数え切れないほどの理不尽なことが、現在の世の中で起きていることを痛感します。他国の政治や経済運営に憤りを感じてもどうすることもできませんが、日本の政治や経済運営についても納得できないことは多いのです。

　一例を挙げると、インフレ政策と消費税率の引き上げを同時に行ったことです。

　良いインフレとは、所得増がモノやサービスの価格を押し上げるインフレです。

　一方、悪いインフレとは、所得増を伴わないインフレです。収入が増えないのにモノやサービスの価格が上がれば、生活の質が低下します。

　それでも、インフレ政策が景気拡大につながり、所得増に結び付けば結果オーライだと言えるのですが、そこに（前政権が決めていたこととはいえ）消費増税を行ったため、すべてが台無しとなりました。

　日本経済の最大のエンジンは個人消費です。個人消費が増えると、

企業の売り上げや利益が増え、税収も増えます。税収が増えれば、財政問題は改善します。

　ところが、景気拡大が税収増をもたらすことを待てずに、税率を引き上げてしまうと、個人消費は減退します。つまり、100％がフルパワーだとすれば、消費税率５％だと95％のパワーが上限となり、８％だと92％が上限となるのです。簡単に説明するなら、消費者は同じ金額100兆円を使っているのですが、これまで95兆円だった実質的な売り上げが、92兆円に減ってしまったのです。売り上げが減れば利益も、所得も減ります。当然、税収も減ります。

　同じことが平成９年（1997年）度の３％から５％への引き上げでも起こりました。この引き上げにより、これまで97兆円だった売り上げが95兆円となり、その後の消費パワーが減退したために、このときの税収を26年度まで超えることができませんでした。また、名目ＧＤＰのピークも平成９年度の521.3兆円でした。これを超えたのは、旧基準では500.6兆円ながら、算出基準の見直しで31.6兆円を上乗せし、ようやく532.2兆円となったのが平成27年（2015年）度です。

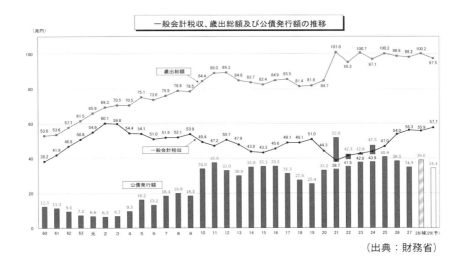

（出典：財務省）

9

ちなみに、日本の税収のピークは、３％の消費税を導入した翌年の平成２年（1990年）度です。その後、税収が減り続けたことに鑑みれば、日本経済の低迷も、財政の急激な悪化も、消費税の導入が主因と見なすのが合理的だと言えます。

　2016年10月の実質賃金は前年比横ばいでした。名目は＋0.1％でしたが、インフレ率が＋0.1％ですので、横ばいとなりました。日銀の緩和政策が機能していないので救われました。これがインフレ率＋2.0％だと、実質は−1.9％となるところでした。そうなると、100兆円の消費でも、インフレで約98兆円分のモノやサービスしか買えず、さらに８％の消費税で、90兆円分のモノやサービスしか手に入らなくなるところでした。消費者は大損です。

　ここで、消費税率10％、インフレ率２％にでもなれば、100兆円の消費でも売り上げは90兆円、実質的に手に入るのは88兆円分となります。売り上げが減り、利益が減り、所得が減れば、税収は減ります。そこに経済対策として無駄な出費を続けると、財政は破滅的になります。過去20数年の日本経済、日本の財政はほぼそんな感じで推移してきました。

　では、インフレ政策で得をするのは誰でしょうか？　インフレはカネの価値を下げますので、借金している人が得します。借りたときより、返すときの価値が低いからです。日本で一番多くの借金をしているのは誰か、分かりますよね。増税分を手にするところです。

　また、インフレ政策では金利が上がり、利払いが苦しくなる恐れがありますが、量的緩和で国債を買っているので、金利水準は低いままです。つまり、政府・財務省にとっては、一見、完璧な政策だったのです。

　本当は税率を下げて、景気拡大、消費増による税収増のほうが、政府・財務省にとってもメリットが大きいと思うのですが、待てなかっ

たのですね。一事が万事とまでは言いませんが、これが政府・官庁が行っていることです。こんな例は、世界の歴史、日本の藩政などでも枚挙に暇がないほど見つかります。世の中は理不尽なのです。

　相場という鏡を通して、世界の政治経済を見ていると、数え切れないほどの理不尽なことが、現在の世の中で起きていることを痛感します。

　そんなとき、あなたならどうしますか？　日本を出ても同じですよ。どの国の政府も似たようなものです。歴史を学べば、理不尽でないところ、理不尽でない時代を見つけることのほうがはるかに難しいのです。歴史上、仮にどこかにあったとしても、短期間だけだったと、私は見ています。

　では、反政府運動をしますか？　歴史を学べば、これも同じですよ。少なくとも、私が知る限り、ユートピアなどありません。

　こう言うと、夢のないヤツ、前向きでないヤツだと思う人もいるでしょう。では、与党や野党、自国、他国の政治家に期待することが、夢なのですか？　前向きなことですか？

　私も選挙投票こそ続けていますが、誰かに期待してもダメです。自分の人生に責任を持てるのは自分だけです。では、自分が政治家になる？　私は、真面目な政治家ほど大きな無力感と、小さな達成感を得ることになると見ています。

　インフレが苦しい、税金が重い、生活費が足りない。誰かに期待してもダメです。自分で何とかするのです。

　相場があって良かった。相場は世の中で数少ない、自分で何とかできるところです。普通の人でも、他人任せではない、自分の裁量が振るえるところです。簡単ではありませんが、やり方があります。自分

でやれることを、きっちりやり通すこと、私はそれが前向きな生き方だと理解しています。チャレンジするのです。

　私にはもうひとつ、自分にやれることがあります。皆さんに相場の魅力を伝え、理論やノウハウを伝授し、皆さん自身の「何とかしたい。チャレンジしたい」という気持ちに応えることです。

6. できると分かればできる

　「何とかしたい。チャレンジしたい」という気持ちを挫けさせるのが、「でも、私にはできない」と勝手に思い込むことです。

　私が、「勝手に思い込む」という表現を使うのは、ほとんどの人は「できない」と決めつけるほど、相場を知りもしないからです。相場を知っていれば、「できない」などとは思わないはずです。なぜなら、相場で収益を上げること」は、誰にでもできることだからです。簡単ではありませんが、必ずできるのです。

　あなたは、相場を小難しく考えていませんか？　「相場は世界を見る鏡です。全世界で起きているあらゆることが、人々の事情や意欲によって、市場価格に反映されているからです」などと聞くと、「そんなの自分にはムリ」などと思ってはいませんか？

　確かに、そのあたりは相当の勉強が必要ですし、勉強しても、固定観念の強い人には到達できない部分もあります。しかし、収益を上げるだけならば、実は非常に単純なのです。

　私は、最も効率的な運用は「山越えを待って売り、谷越えを待って買う」ことに尽きると言っています。尽きるのです。それだけ、できればいいのです。

　チャートを見れば分かりますが、市場価格は常に上げ下げしていま

す。上げたところが山、下げたところが谷です。つまり、山で売って、谷で買えば、確実に儲かります。疑問の余地はありません。ここまでは同意できますか？

　ここが分かれば、後は山が谷へ向かうところ、谷が山へ向かうところの「転換点の見極め」の精度を高めるだけです。精度を高めるには、まずは少額の資金で売買を繰り返す必要があります。素振りがバッティング上達のすべてだと分かればできますよね。素振りをしなければ、つまり練習嫌いならば、うまくはなりません。

　山で売って、谷で買えば、確実に儲かります。とはいえ、どこが山頂で、どこが谷底かは、後にならなければ分からないので、「山越えを待って売り、谷越えを待って買う」のです。

　テクニカル指標でも、移動平均線などは、まさにその転換点を、デッドクロス、ゴールデンクロスとして提示するものです。なので、移動平均線を勉強するだけでも、相場で儲けることがどういうことなのかが、見えてきます。

　「相場で収益を上げること」は、誰にでもできます。インフレが苦しい、税金が重い、生活費が足りないときに、政治家や、誰かに期待しなくてもいいのです。自分の裁量で乗り切ることができるようになります。

7. 繰り返しをいとわない

　私は、最も効率的な運用は「山越えを待って売り、谷越えを待って買う」ことに尽きると言っています。チャートを見れば分かりますが、市場価格は常に上げ下げしています。上げたところが山、下げたところが谷です。山で売って、谷で買えば、確実に儲かります。

とはいえ、どこが山頂で、どこが谷底かは、後にならなければ分からないので、「山越えを待って売り、谷越えを待って買う」のです。越えるのを確認するのです。

「そんなに単純なものなの？」と思う人もいるでしょう。そう思う人は、あとで手元のチャートをよく見てください。どうです？　山で売って、谷で買えば、誰でも儲けることができますよね。山が谷へ向かうところ、谷が山へ向かうところの「転換点の見極め」さえできれば、ひと昔前に流行った、サルにでも儲けられますよね。儲けられないとすれば、相場のせいではなく、自分のせいだと言えますよね？

もしかすると、あなたのせいではないかもしれません。あなたをミスリードする、いわゆる専門家のせいかもしれません。専門家は、特に自分の手で実際に扱わない評論家のような「識者」は、単純なものを複雑に見せたがる傾向があります。単純だと知れると、専門家がいらなくなるからです。

もっとも経済情勢を分析し、市場価格の動向を解説することは単純ではありません。知識も勉強も思考も必要です。しかし、相場で儲けることだけに限れば、実は驚くほど単純なのです。繰り返しますが、「山越えを待って売り、谷越えを待って買う」ことに尽きるのです。

相場で儲けることに要求されるのは、高度な理論や知識ではありません。人には真似できないようなテクニックでもありません。例えるならば、職人技です。

以前、テレビで寿司職人の名人芸を見たことがあります。しゃりを握るだけだったのですが、いくつ握っても、同じ数のご飯粒なのです。おそらく、その人は高度な理論や知識を持っているわけでも、テクニックと呼ばれるものがあるわけでもないと思います。同じことを、愚直に繰り返し続けたことで、到達した職人芸だと思います。

同じことが、大工のカンナがけ、金属加工、陶器職人などなど、いわゆる職人技というものに共通して言えるかと思います。野球のピッチャーやバッター、サッカーのフリーキックなどにも職人技が見られます。そういった職人技を一言で表すなら、「精度」です。

　寿司は誰にでも握れます。カンナがけも難しいものではありません。ボールを投げたり、蹴ったりするのも簡単です。でも、素人とプロの職人とは精度がまったく違います。

　では、職人たちは、どのようにして、「技」や「芸」と呼ばれるほどに、その精度を高めることができたのでしょうか？　私は、「単純作業の繰り返し」だけでしか、到達できないと見ています。サッカーの神様と呼ばれたジーコは、日本人のストライカーが育たないのは、ストライカーに必要な「単純作業の繰り返し」という練習を嫌うからだと言っています。優雅に泳ぐアヒルの足は、水の中でせわしく動いていたのですね。

　相場も同じです。「転換点の見極め」の精度は、そのことだけに集中し、愚直に繰り返すことで高まります。価格が上下するという意味では、相場は勝ち負け五分五分の確率です。

　それで収益を残すには、損を小さく、利益を大きくする売買を心掛けます。「転換点の見極め」の精度が高まるにつれて、勝率も、損小利大の比率も高まることになります。ファンダメンタルズ分析やテクニカル分析も勝率の向上に役立ちます。

　どうです？　相場というものを誤解してはいませんでしたか？　誰も教えなかったでしょう？

　誰も教えなかった理由は2つほどあると思います。ひとつは、プロと呼ばれている人たちの中にも、相場を誤解している人が大半なこと。もうひとつは、職人はえてして偏屈で、さまざまな理由で教えた

がらないからです。

　私ですか？　私は皆様に、私が得てきたもののすべてをお伝えしようと思っています。理由は２つあります。

　ひとつ目は、私の経歴を見ると想像がつくように、親や先生、上司、先輩、友人に恵まれてきたからです。親孝行や普通の恩返しでは、返すことができないほどです。実際には、両親はすでに他界し、４つ上の姉も何年か前に他界しました。恩の収支が、入超過ぎて重いのです。そこで、私は後進の方々に、先人からの恩をできるだけ返そうとすることに決めました。

　２つ目は、私は世界に蔓延している「理不尽」に憤っています。自分にやれることを、やり通そうと思っています。自分にやれることとは、皆さんに相場の魅力を伝え、理論やノウハウを伝授し、皆さん自身の「何とかしたい。チャレンジしたい」という気持ちに応えることです。

8. 相場はギャンブルではない

　ケインズは株式投資を「美人コンテストのようなものだ」と喩えたと言います。意味するところは、必ずしも絶世の美女が優勝するわけではなく、皆が投票した人が優勝するというのです。つまり、良い銘柄ではなく、皆が買いたい銘柄が上がるというのです。しかし、これは相場のプロから見れば、間違った喩えと言えます。

　株式市場は企業が資金調達を行う「事情」から発明されたものです。株式会社が発明され、法人格を得たことで、資金調達における無限責任から解放されました。

　また、株式市場が出来たことで、小口での運用と、転売によるリスク分散が可能となりました。それにより、西洋の大航海時代の東方貿

易などの巨大ビジネスの利権が、個人投資家にも開放されるように
なったのです。

　資金の提供者である運用者たちは、それぞれにさまざまな事情を抱
えています。そして、調達者も運用者も実体経済と密接につながりを
持ち、市場は基本的に万人に開かれています。閉ざされた空間の中で、
思惑や嗜好で美人を評価するようなものとは根本的に違うのです。

　また、後述しているように、相場はギャンブルでもありません。運
が左右する要素はありますが、限られています。例えば、２人の投機
家が売り手と買い手に分かれて勝負をするとします。この場合、気力
や忍耐力で上回ったほうが勝ちます。具体的に言うと、ポジションを
長く保有したほうが勝つのです。ポジションとは、買い持ち（ロング）
や、売り持ち（ショート）で保有していることを言います。

　相手の投げや踏みを誘うように、さまざまな材料を提供し、自分の
間合いに引き込んで揺さぶりをかけます。相手も同様に揺さぶりをか
けてくるでしょう。どちらかが自信ありげにポジションを膨らませば、
相対であるもうひとりも膨らませざるを得ません。

　このとき、ポジションが増えることもいとわない、儲けるまでは絶
対に動かないと決め込めば、損は出ません。言い換えれば、不安になっ
たほうが先にポジションを閉じ、負けるのです。閉じたいのが自分で
あれば、相手の言い値で閉じるしかありません。

　この場合、投機家の相手は同じ投機家でした。では、次に石油元売
り会社のドル買いに売り向かった投機家の場合を考えてみましょう。

　投機家は、石油会社が買ったドルを投げるのを待ちます。ところが、
このとき、石油会社の買ったドルは、すでに石油メジャーや産油国に
支払われており、石油会社はもうドルのロングポジションを持ってい
ないのです。

翌日も石油会社のドル買いに対し、この投機家は自分のショートポジションを膨らませて売り向かいました。しかしどんなに待っても、石油会社からドルの投げは出てきません。当たり前です。投げるロングポジションなど初めからないからです。この場合、投機家の相手は目の前の石油会社ではありません。石油会社が背にした実体経済なのです。

　ここが相場とギャンブルの相違点になります。倍々と賭け続ければ、すなわち買い続ければ、ナンピンすれば勝てるというようなギャンブルの相手ではないのです（※丁半、赤黒など二者択一に賭けるものでは、負けても同一方向に倍額を賭け続けられる資金力があれば、勝てなくとも負けることがありません）。

　鋭い人はここで「おやっ」と思うかもしれません。実体経済が相手だとポジションを長く持った投機家が負けるではないか……。

　私はタペストリー・プライスアクション理論と名付けた、投資運用の理論で、ポジションの保有期間の長さが価格変動の本質だと言っています。長く保有するほど強いのです。保有期間とは買ってから売るまで、または売ってから買い戻すまでです。石油会社はドルを買ったまま売り戻しません。すなわち、「永遠に保有している」状態なのです。

　「保有」という表現は誤解を生むかもしれません。より正確には、彼が買ったドルは、ドルの経済圏のなかに吸い込まれ、市場には買われた後のショートポジションだけを残すのです。こういった買い切り、売り切りを私は「永遠のポジション」と呼んでいます。

　相場はギャンブルより、ビジネスに近いものです。一獲千金を狙うものではなく、利益を少しずつ積み上げるものです。例えば、100万円の投資で月2万5000円ずつの利益を、複利で1年間運用できれば1年後には134万4889円に、5年後には439万9790円に、10年後には1935万8150円と、2000万円近くにもなります。

ポイントは利益、損失を繰り返しながら、トータルで利益を確保すること。大きな損失をしないこと。トータルの利益を少しずつでも積み上げることです。

　これは人の成長にも当てはまります。あなたが毎日0.11％ずつ成長すれば（相場の知識と経験が増えれば）、翌日は100.11％の成長に、365日後には149.15％にも成長しています。

　逆に、毎日怠けることで0.11％ずつマイナス成長していれば、翌日は99.89％に、１年後には67.02％に減退しています。

　私は語学の勉強として、原語で歌を覚えるようにしています。ユーチューブ（You Tube）と歌詞検索で確認しながら、毎日少しずつでも覚えようとしていると、いつの間にか、何曲もそらで歌えるようになりました。何年も続けているので、今ではロシア語２曲、フランス語２曲、イタリア語２曲、英語の歌なら数十曲は歌えます。

　努力は必ず報われます。継続は力なり、なのです。

9.職人技の修業

　相場での取引は職人技などと言われると、かえって腰が引けるかもしれません。確かに、寿司のしゃりのご飯粒の数を同じにしたり、常に一定幅、一定の厚さでカンナをかけたりするのは、それなりの修業期間が必要だと思います。しかしある程度、適当でいいのなら、寿司を握るのもカンナがけも、とてつもなくハードルが高いわけではありませんよね。

　相場も同じです。相場は上げ下げ五分五分、勝ち負け五分五分と考えるところから始めます。勝ち負け五分五分ならば、利益のほうを損失よりも、少しでも大きくすれば収益が残ります。

「谷越えを待って買い、山越えを待って売る」ことの利点は、ここにもあります。谷越えだと思って買っても、そこから下げる確率は50%あると考えます。自分の見方が間違っていたと判明するのは、手掛かりとした谷を底抜けしたときです。

　新たな深い谷が出現したのですから、相場があなたの間違いを教えてくれたのです。ここは素直に相場に従って、損切りを行います。損失の幅は、あなたが谷越え確認だと思ったところと、谷底を抜けたところの差です。

　同様に、山越えだと思って売っても、そこから上げる確率は50%あると考えます。自分の見方が間違っていたと判明するのは、手掛かりとした山を上抜けしたときです。新たに高い山が出現したのですから、相場があなたの間違いを教えてくれたのです。ここは素直に相場に従って、損切りを行います。損失の幅は、あなたが山越え確認だと思ったところと、山頂を抜けたところの差です。

　このことはつまり、売買を始めた時点で、間違ったときの損失幅が大体見えているということです。これが、あなたが取っているリスクです。そして、リスク以上のリターンを上げれば、勝ち負け5分5分でも、収益が残るようになります。

　これで分かるのは、「転換点の見極め」に慎重になり過ぎると、山谷の頂点から離れすぎてしまい、間違えたときの損失が大きくなることです。つまり、ダマシのリスクが減る代わりに、損失幅のリスクが増大します。ここでもキモはバランスなのです。

　寿司を握り続けることにより、カンナをかけ続けることにより、当初はいい加減だった精度が高まってきます。「転換点の見極め」についても、「山越えで売るぞ」「谷越えで買うぞ」と集中力を高め、実際に売買を繰り返していると、絶妙とは言えないまでも、バランス感覚

が身についてくるのです。

　具体的にどうすればよいか。それを、これから詳細に解説していきましょう。

序章 短期トレードは頭のスポーツ

1. 短期トレードの魅力 ―――――――――――――――― 2

2. 短期トレードの注意点 ―――――――――――――――― 4

3. 市場は寄り付き、指標発表前後、引け間際によく動く ―― 5

4. 短期トレードのメリット ―――――――――――――――― 7

5. 自分にできることにチャレンジする ――――――――――― 8

6. できると分かれば、できる ――――――――――――――― 12

7. 繰り返しをいとわない ―――――――――――――――― 13

8. 相場はギャンブルではない ―――――――――――――― 16

9. 職人技の修業 ―――――――――――――――――――― 19

第1章 どのようにして収益を上げるのか?

第1節　山越えを待って売り、谷越えを待って買う　　28

第2節　ＴＰＡ理論　　31

第3節　短期トレードはチャンスが多い　　42

第4節　週足、日足、時間足、分足の順にチェックする　　49

コラム　片サイドトレードと両サイドトレード(ドテン売買)の優位性は?　51

コラム　保合い相場への対応は?　55

第2章 転換点（山越え＆谷越え）の見極めに使える「道具」は何か

第1節	テクニカル分析とファンダメンタルズ分析	60
第2節	使えるテクニカルと使えないテクニカル	70
第3節	ローソク足について知る	72
第4節	酒田五法について	79
第5節	トレンドライン（各種ライン）について	86

1）トレンドラインとは
2）パラレルラインについて
3）ライジングウェッジについて
4）フォーリングウェッジについて
5）三角保合いについて
6）ラインの性質について
7）トレンドラインの基本形について
8）トレンドラインの評価

| 第6節 | チャートパターンについて | 97 |

1）概要
2）評価

| 第7節 | 移動平均線について | 102 |

1）概要
2）移動平均線の引き方
3）評価

| 第8節 | 移動平均線の派生テクニカル | 122 |

1）エンベロープ（概要と評価）

2）移動平均乖離率（概要と評価）

3）加重移動平均線（概要と評価）

4）指数平滑移動平均線（概要と評価）

第9節　MACD　　　　　　　　　　　　　　　132

1）概要

2）評価

第10節　オシレーター　　　　　　　　　　　　136

1）概要

2）評価

第11節　RSIについて　　　　　　　　　　　　140

1）概要

2）評価

第12節　ストキャスティクスについて　　　　　143

1）概要

2）評価

第13節　ボリンジャーバンドについて　　　　　148

1）概要

2）評価

第14節　パラボリックについて　　　　　　　　154

1）概要

2）評価

第15節　一目均衡表について　　　　　　　　　160

1）概要

2）評価

コラム	移動平均線の使い方	117
コラム	ローソク足は終値を待つべき？	139
コラム	順張りと逆張りのどちらがいい？	172

第3章　転換点の見極めに役立つテクニカル

第1節　転換点の見極めに役立つ道具とは　176

1）酒田五法

2）ボリンジャーバンド

3）移動平均線

4）トレンドライン、チャートパターン、酒田五法

第2節　移動平均線を使えば、誰にでも「転換点」が見極められる　185

1）移動平均線はシンプルなテクニカル指標

2）暴騰・暴落時には大儲けできる可能性が高い

第3節　最終的に、シンプルに考える　～KISSアプローチ～　195

コラム	なんぴん買いをしてもいい？	198
コラム	ピラミッディング（買い乗せ、売り乗せ）はどうする？	201
コラム	移動平均線のゴールデンクロス・デッドクロスについて（最適化の罠）	203

第4章　出口戦略について

第1節　損切りと損切りオーダーの違い　206

第2節　損小利大について　211

第3節　トレイリング・ストップ　215

コラム　利益確定ラインもエントリー前に決めるべきか？——　219

コラム　両建ては使っていい手法？——　221

第5章　素のチャートで転換点を探ることが最も効率の良いやり方

第1節　テクニカル指標は自転車の補助輪に過ぎない　224

第2節　頼るべきは素のチャート　227

第3節　素のチャートでエントリーとエグジットを考える　229

コラム　エントリーに遅れたときは？——　253

第6章　まとめ（自分に合ったリスク管理）

第1節　繰り返せば上達する相場へのアプローチ　256

第2節　自分の適正ポジションを知る　258

第3節　収益拡大のコツ　262

第4節　右端での対処（値動きに反応する）　264

特別コラム　◆著者レポート◆　貸出・手数料ビジネスの利益、過半数の地域銀行（地銀）でマイナス　266

コラム　トレーダーに必要な資質とは？——　278

あとがき——　279

第1章

どのようにして
収益を上げるのか？

第1節
山越えを待って売り、
谷越えを待って買う

　次ページのグラフは、ポンド・ドル（通称：ケーブル）レートのチャートです。チャートとは実際に市場で取引された価格の推移を記録したものです。日付やレートをあえて省いているのは、本書は「短期トレード」の魅力を伝えるもので、為替や債券、株式、コモディティーなど、取引商品にはこだわらないからです。本書にある理論やノウハウは、いつでもどんな相場でも普遍的に使えるものです。

　チャートについての説明は後にするとして、次ページのチャートを見て、収益を上げるにはどうすればいいか、どうすれば儲かるかが分かりますか？

　図1－2のように、山や谷を見極めて、高く売って、安く買えば、あるいは、安く買って、高く売れば、確実に儲かります。

　とはいえ、どこが山か、どこが谷かの見極めは、後になってチャートを見れば簡単でも、リアルタイムに動いているときには難しいですよね。そこで、山頂で売り、谷底で買うことは諦めて、**「山越えを待って売り、谷越えを待って買う」**ようにするのです。山越え確認が終わってから売り、谷越え確認が終わってから買います。

　上げに転じたときに買い、下げに転じたときに売れば儲かるのですから、相場で心掛けることは、上げ下げの転換点をどのように見極め

図1－1　ポンド・ドルレートのチャート

図1－2　山と谷を知る

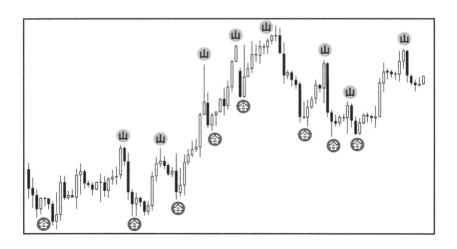

るかに尽きます。山を越えたのか、谷を越えたのかを見極める努力を
するだけで、あなたの相場を見る目が変わってきます。

　そこに実践を積み重ねると、あなたのトレード力はめきめき上達し
ます。山越え確認が終わったと判断できれば売り、谷越え確認が終わっ
たと判断できれば買うことを続けるのです。

　では、どのようにして転換点を見極めればいいのでしょう。手掛か
りは数多くありますが、**本書では、誰でも簡単に使えて、それなりの
見極めの精度があり、リスク管理も備わったテクニカル指標を参考に
します。**
　簡単、単純は、初歩的、稚拙を意味するものではありません。合理
的なものは単純なのです。私の知る限り、ほぼすべての分野で本物の
勝負師ほど、単純な手法を用いています。単純な手法は、想定外の事
態への対処が容易だからです。

第2節
TPA 理論について

　皆さんは株価がなぜ上がるのかを考えたことがありますか？　為替レートやコモディティー価格が、なぜ上げ下げするのかを考えたことがありますか？

　「価格変動の本質」については、1990年に上梓した『生き残りのディーリング』（東洋経済新報社刊）以来、ほぼすべての拙著で解説していますので、本書ではごく簡単に触れます。

　私は「タペストリー・プライスアクション理論（以降、TPA理論）」を唱えています。

　TPA理論（Tapestry Price Action Theory）とは、私が外為市場や債券市場で実際に売買する中で起きた疑問点を、多くのディーラー仲間やエコノミストたち、アナリストたちにぶつけたものの、満足な答えが得られなかったことから、自ら値動きを分析することで到達した投資運用理論です。

　他の投資運用理論との比較は、現場叩き上げの私自身がそれらをろくに学んでいないため、ここで提供することができません。

　私が学んだのは市場の、すべて実際の値動きからです。プライスアクション理論でも述べますが、損益が実際の値動きからしか発生しない以上、「価格変動の本質」を突き詰めることが、収益力アップに結びつくことには疑いがないと思います。

TPA理論は、価格変動の本質を述べた「タペストリー第1理論」、投資・実需と投機・仮需のポジションの取り方の違いが、トレンドとボラティリティを作ると解説した「タペストリー第2理論」、価格がすべての拠り所だと再確認した「プライスアクション理論」からなる理論です（図1－3）。

　ここで、図1－4を見てください。これは、ほぼすべての拙著の中で質問している問題です。本書でも、皆さんに聞いてみましょう。

問題：相場を上げたい場合、ひとつだけ条件を与えるとすれ　　　ば、何をすればいいでしょうか？

答え：買い手は売り手よりもポジションを長く保有すること

　例えば、日本の電力会社が天然ガスを購入するとき、円を売り、米ドルを買って、そのドルを天然ガス購入の支払いに充てます。
　一方、ドルを電力会社に提供した外為銀行にはドル売りのニーズはなく、また、外為銀行に手持ちの外貨があるとは限りません。通常は、売るためのドルを、他の外為銀行から買います。つまり、外為市場では円売りドル買いの連鎖が起きることになり、ドル円は限りのない上昇圧力を得ます。

　また、自動車を輸出し、米ドルを手にした自動車会社は、人件費、材料費などのコストの支払いのために、ドルを売り、円を買います。ドルを買わされた外為銀行にはドル買いのニーズはありません。通常

図1－3　TPA（タペストリー・プライスアクション）理論

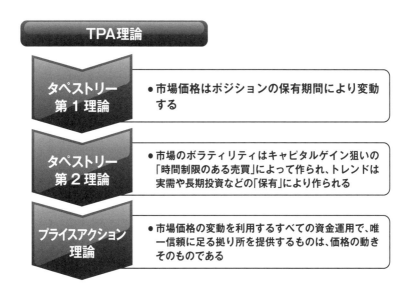

図1－4　市場価格が動く仕組みを解説する「タペストリー第1理論」

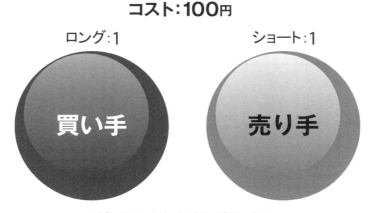

は、すぐに他の外為銀行に転売します。つまり、外為市場では円買いドル売りの連鎖が起きることになり、ドル円は限りのない下落圧力を得ます。

外為市場には、実需のドル買いもドル売りも生じますので、市場全体としては、上げ下げを繰り返しながら、実需の圧力を吸収していきます。ここで、円売り需要と、円買い需要のミスマッチが起こり、それがトレンドを作っていきます。貿易がらみでは、貿易収支が円実需のミスマッチを示しています。赤字なら円売り需要超過で円安ドル高圧力、黒字なら円買い需要超過で円高ドル安圧力です。

タペストリー第1理論で分かることは、実需のような売り切り、買い切りは、トレンドにつながるということです（図1－5）。では、長期投資のような、長期間での保有ならば、どうでしょうか？
日本の年金が米ドル債投資を行うと、ドルを買われた外為市場では、ドル買い連鎖が起きることになります。いつまででしょうか？
10年債ならば毎年の利払いのほか、10年後の償還時にドル売り円買いが起きるまで、ドル円の上昇圧力となります。これくらい長いとトレンドと呼べますね。
では、日本のヘッジファンドが3カ月間のTビル投資をすればどうでしょう？　ドルを買われた外為市場では、ドル買い連鎖が起きることになります。いつまででしょうか？　3カ月後の償還時に、ドル売り円買いが起きるまでドル円の上昇圧力となります。3カ月後には逆方向の売買が出ますので、ドル円の上昇圧力は消滅します。

ヘッジファンドのような個々の商品を数カ月間保有するぐらいの投資は、投資というより、投機です。投機の狙いはキャピタルゲインです。買って、売って、数カ月で完結するような運用は、トレンドに関

図1-5　トレンドとボラティリティを作る「タペストリー第2理論」

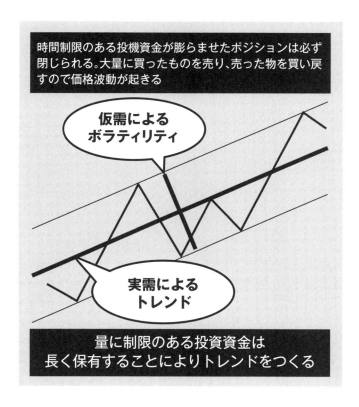

・投機には時間に制限があり、投資は資金量に制限がある
・投機（仮需）がボラティリティを作り、投資（実需）がトレンドを作る
・したがって、相場は投機を縦糸に、投資を横糸に織り成すタペストリーとみなすことができる
・ある市場で1年で何パーセントかの上昇という場合、価格波動はその何十倍も動いている
・レバレッジをかけなくても、上下幅の何倍ものリターンを上げることは可能である

与するというより、ボラティリティに関与します（図１−５）。

　外為市場や株式市場で、最も大きな資金を動かしているのは、デイトレーダーたちです。デイトレーダーは、朝に作ったポジションは夜までに手仕舞います。ゼロから始まり、ゼロで終える取引です。日中は彼らの売り買いに応じて上げ下げしますが、終了後は元の価格に戻ります。それでも、前日比で上げたり、下げたりするのは、実需や長期投資、ヘッジファンドなど、翌日以降の市場価格に影響を与える人たちが売買したからです。

　仮に、ある日の取引が、デイトレーダーだけで行われると、その日のローソク足は上髭、下髭はあるが、寄値と終値が同じの「十字線」になるはずです（上髭や下髭、寄値、終値などは後述）。デイトレーダーだけでなくても、中長期の売り買いがきれいにバランスされると、そのような形になります。第２章で紹介する酒田五法による「寄せ線（十字線）」が、転換点の暗示であるのは、興味深い事実です。

　トレンドといえば、トレンドラインに関わる興味深い事実があります。上昇トレンドラインとは、切り上げる安値と安値とを結んだ線です。その安値と安値を結ぶ線を斜辺とする直角三角形は、すべて相似形です。チャートの横線は時間、縦線は価格ですから、相似形は、同じ時間をかければ、同じ比率で価格が上がることを意味します。下降トレンドラインでは、同じ時間をかければ、同じ比率で価格が下がることになります（図１−６）。

　これは、実需や長期投資など、トレンドに関与する人たちの需給動向を暗示します。このことは、トレンドラインの下抜け、上抜けは、実需動向の変化を暗示することを意味します。

　チャートの上げ下げの波動部分、つまりボラティリティとして現れる部分は、買ったものは比較的に短時間で必ず売り払い、売ったものは必ず買い戻すという、投機資金の関与なのです。

これで見ると、相場とは時間に強く、量的に弱い投資・実需の横糸と、量的に強く価格の上げ下げを左右するが、時間には弱い投機・仮需の縦糸とで編み上げる「タペストリー（壁飾り絨毯）」のようなものと、考えることができます。これが、TPA理論の名前の由来です。

図1－6　トレンドとボラティリティの関係

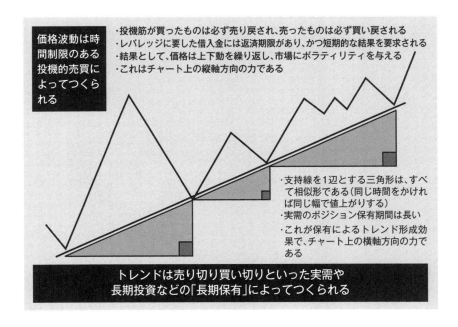

ここまで来ると、どのような運用が収益につながるかが見えてきます。私たちはすでに、「最も効率的な運用」とは何かを知っています。それは、**山越えを待って売り、谷越えを待って買うこと**です。相場は、山から谷へ、谷から山への、転換点の見極めがキモだと知りました。

　つまり、上げている相場でも、トレンドラインから離れて急角度で上げているような場合は、投機資金が買い上げているので、時間の問題でいつか下げる。その山越えが確認できたなら、売ってみてもいいということです（図１−７）。これは、例えば移動平均線を参考とするならば、デッドクロスとして現れます。

図１−７　効率的な運用をするポイント

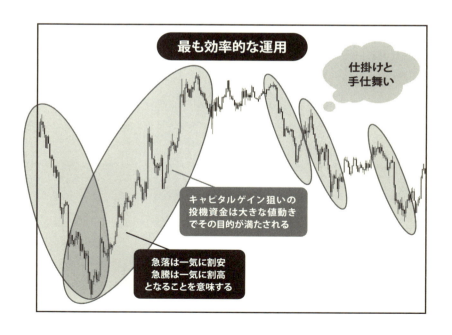

さて、「プライスアクション理論」というのは、図1−8に示した通りです。一言で言えば、「価格の動きには素直に従え」ということです。トレーディングの損益は価格変動からのみもたらされるからです。

図1−8　価格の動きのみ反応する「プライスアクション理論」

プライスアクション理論

価格がすべての拠り所

- キャピタルゲインは価格の変動によってのみ得られる
- あらゆる投資尺度、材料は、理論価格収斂型であっても、予測型であっても、価格が反応でして初めて、成否が判明する
- 投資尺度がただしく、基礎となる条件が不変でも、まったく別の要因で失敗することもある
- すなわち、「価格の動き」そのもの以外のすべてを完璧に押さえていても、価格が思惑に反することのリスクを排除することはできない
- したがって、最大のリターンを追求しながら、同時にリスクが最小であるという、最も効率的な運用とは、価格の動きのみに反応することである
- これを、プライスアクション理論と呼ぶ

ここまでの話は分かりましたか？　短期波動を取ることが、最も効率的な運用だと分かれば（図1-9）、次ページの「素のチャート」が違って見えてきませんか？（図1-10）　ここで買えば、ここで売ればというアイデアが出てきませんか？　そこには収益チャンスがあり、あなたを待っているのです。

図1-9　最も効率的な運用

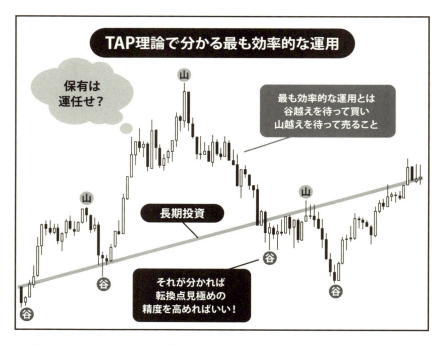

上昇トレンドのときでさえ、保有によるリターンは限定的。短期の波動を取るほうが効率的である

図1－10　素のチャートが違って見える？

短期の波動に注目し、
山越え＆谷越えを狙う

点線円部分が転換点として理想的に狙う
べきところ

41

第3節
短期トレードはチャンスが多い

　山越え確認で売り、谷越え確認で買うという「最も効率的な運用」は、為替、債券、株式、コモディティーといった商品を選ばないだけでなく、週足、日足、時間足、分足といった時間も選びません。

　図1-11の4つのチャートは、波動を描くという意味でよく似ています。例えば、移動平均線のクロスに注目してみると、実際にどのチャートでも同じように機能しています。

　フラクタルとは、地図などで使う用語です。ズームインやズームアウトしても、よく似た地形が続く、自己相似性を意味します。チャートの特徴として自己相似性の高さが挙げられます。この「チャートの自己相似性」というのは重要な現象であるため、皆さんの記憶に残ってほしいという理由から、フラクタルという言葉を使って解説しています。

　図1-12に示したように、週足とは日足が集まったもの、日足とは時間足が集まったもの、時間足とは分足が集まったものです。

　ここで、45ページの図1-13を見てください。これは、日足チャートを1カ月の枠に閉じ込めたものです。これを1週間単位で区切ると週足になります。また、1本1本の日足のなかには時間足があり、同様に、1本1本の時間足の中には分足があります。このように、1本

図1－11　フラクタルを理解する

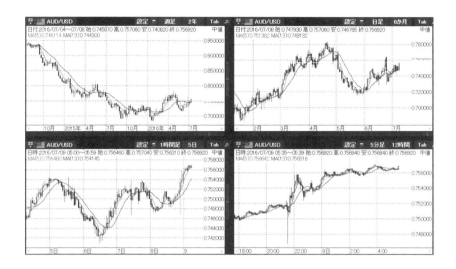

図1－12　週足と日足、時間足の関係

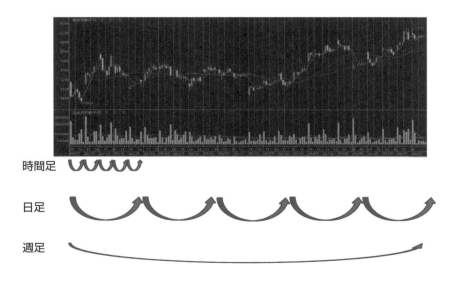

時間足

日足

週足

の足には、その時間内のすべての価格の動きが閉じ込められています。

　また、月足を見ただけでは、その月の価格の推移は分かりませんが、図1－14のように週足、日足など下位足に分解するとその波動が見えてきます。

　反対に日足の動き、ローソク足の配置に惑わされて、その相場が強いのか、弱いのかが分からなくなったときには、週足、月足など上位足に圧縮すると、全体像が見えてきます。

　価格が週足でも、分足でも、同じように波動を描くとすれば、テクニカル指標はどの時間足でも同じように使えることになります。実際に、どの時間足でも、まったく同じように使えます（47ページの図1－15）。

　このことは逆もまた真で、どの時間足でも、波動は同じようにうねるという、フラクタルな性質を持つことを証明しているのです。

　私は「最も効率的な運用とは、波動を取ること。山越えを待って売り、谷越えを待って買うことだ」と繰り返し述べています。これは皆さんがチャートを見ることで、確認できたと思います。

　ということは、多くの波動に巡り合う機会があれば、収益機会が増えることにもなります。

　あるときに同時にチェックした47ページの図1－16の4つのチャートは、それなりの波動を取りにいく収益機会を表しています。週足では2年間に2回、日足では6カ月に4回、1時間足では5日間で2回、5分足では12時間に4回でした。この回数はたまたまですが、短い時間足のほうが、格段に波動の数が多いのです。

　もっとも、長い時間足のほうが取れる値幅が違います。しかし、週

図 1 − 13　月足と日足の関係

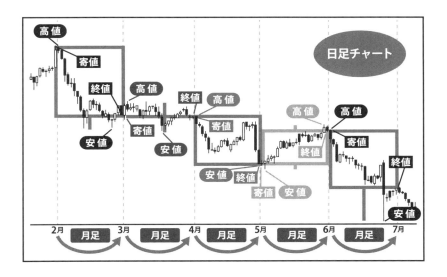

図 1 − 14　月足を週足と日足に分解する

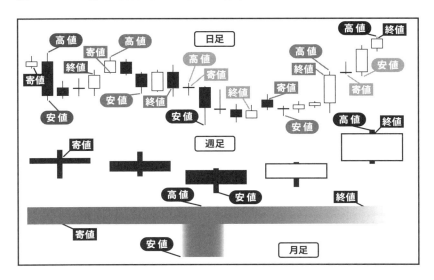

足を細かく見れば、波動の中にも小さな波動があり、それも収益機会になり得たことが分かります。

　また、週足でこれだけの値幅を取るには、長い間保有するという、大きなリスクを取らなければなりません。例えば、2016年に起きたブレグジットと、トランプ氏の米大統領選勝利は、その1〜2年前には、ほとんどの人がその可能性すら考えていなかったのです。そういうことを考慮すると、収益が上がればラッキー、損失が出ればアンラッキーであって、これが長続きする資金運用だとは、とても言えません。

　一方、短期の時間足では目の前で波動が動き、トレードが完結します。つまり、環境の変化によるリスクからはほぼ無縁で、自分の技術だけが損益を左右するのです。このことは、正しい訓練さえ積めば、誰でも収益を上げられるようになることを意味しています。

　長期保有と短期トレードの収益機会にどれだけの差があるか、オプションの理論がひとつの考え方を提供してくれています。ボラティリティとは、価格の変動率ですから、キャピタルゲインのリスクと同時に収益源となります。そのボラティリティが16%（年率）だとします。そのとき、期間が4分の1の四半期になると、四半期のボラティリティは16%をルート4（$\sqrt{4}$）で割り、8％となります。

　つまり、四半期ごとの売買は、1年ごとの売買の2分1の収益機会となります。そして、年4回売買することで、8％×4＝32%となり、1年ごとの売買の2倍となるのです。

　1日ごとの売買では16%をルート256（$\sqrt{256}$）で割り、1％となります。つまり、1日ごとの売買は1年ごとの売買の16分の1の収益源があります。そして、毎日売買すると1％×256＝256%となり、1年ごとの16倍となるのです。

　理論的にも、1時間ごと、5分ごと、1分ごとと、売買回数が増え

図1－15　すべての時間足でテクニカル指標は使用できる（図1－11再掲）

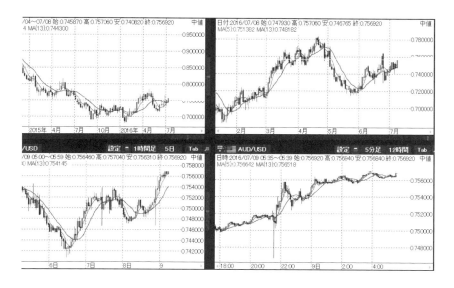

図1－16　短期トレードはチャンスが多い

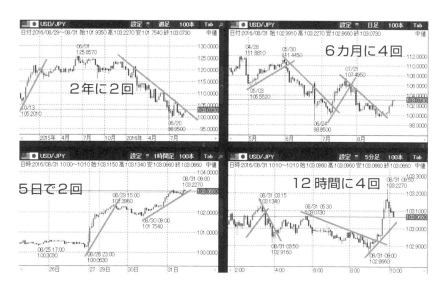

るごとに、収益源が増えることになります。もちろん、収益源はリスクとの背中合わせです。しかし、そのリスクは目の前で起きている価格変動のリスクです。対処の仕方があるのです。

第4節
週足、日足、時間足、分足の順に
チェックする

　最も効率的な運用とは波動を取ること、要するに「山越えを待って売り、谷越えを待って買うことだ」とすれば、投資運用が上達するために、やらなければならないことが見えてきます。より多くの山谷を見て、実際に売買するのです。より多くのローソク足を見て、山越えか、あるいは谷越えか、売れるか、それとも買えるかを判断するのです。そして、その結果を踏まえて、修正すべきところは修正し、山越え確認、谷越え確認の精度を高めていくのです。

　ここにも、短期トレードの優位性が見えてきます。あなたが週足を見て投資し、30年のキャリアを誇るとします。果たして、何本の週足を見たでしょうか？　52 × 30 ＝ 1560本ですよね。これは1分足だと1560本、つまり、26時間分に相当します。1日13時間、1分足を見続ければ、たった2日間で週足30年分のローソク足が見られるのです。

　安く買って高く売れれば収益につながり、高く買ったものを安く売れば損失となることが、週足でも1分足でも同じだとすれば、初心に帰って価格波動を学ぶ必要があります。

　もし、週足に頼って30年間投資し、結果が伴っていないとすれば、単にローソク足を見た数が少な過ぎるのです。楽して儲けることはで

きません。

　中途半端なプロが儲けられない理由のひとつとして、「実際に動く価格を見た時間や、売買したローソク足の絶対本数がまったく足りていないこと」が挙げられます。価格の動きからしか損益が出ないのですから、価格の動きを知らずして、損益を語る、つまり投資運用を語ることは、おこがましいのです。本書の対象を、超初心者からプロまでとしているのは、そのためです。結果が出ていないプロは、素直に、本書に書かれていることを、熟考してほしいと思います。

　短期トレードが長期投資に勝る点は、収益源がより大きいこと、そして、リスクが限定的で、おまけに対処が容易であること、相場に対する理解が進むことなどです。とはいえ、実際にトレードを始めるときには、毎日、まずは週足、日足、時間足の順にチャートをチェックし、大局観を持ってから、5分足、1分足などで売買することをお勧めします。

　このことの理由は、次ページからの「片サイドトレードと両サイドトレード（ドテン売買）の優位性は？」で詳しく述べます。

片サイドトレードと両サイドトレード（ドテン売買）の優位性は？

（質問）

　私は、山越え確認で売り、谷越え確認で買うことが最も効率的な運用だと繰り返して言っています。そうであれば、山越え確認で売り、谷越え確認で買うことを繰り返す「ドテン売買（１単位売っていたものを、２単位買い戻し、１単位の買い持ちにすること）」が、往復で収益を追求できる、より優位なトレードだということになります。

　ところが、私はこういった両サイドトレードが苦手で、今日は売りと決めたら、売りで入って買いで閉じることを繰り返す、片サイドトレードを行ってきました。それでも私が生き残ってこれたのは、自分が不器用だからと思っていました。

　現在、私は「投資の学校（http://toushi-school.net/）」で、ＦＸや株式の短期トレードやスウィングトレードのノウハウを伝えています。個人投資家の疑問に答えるなかで、自分がこれまで行ってきたトレードが、実はそれなりの理論に裏付けられたものであったことに気づきました。

　それでは問題です。片サイドトレードが両サイドトレードよりも優位かもしれない理論的な裏付けはあるのでしょうか？

（回答）

　53ページの３枚のチャートは、ほぼ同じ時間にとった日

足、1時間足、5分足のチャートです。

　目の前で売り買いを完結させる短期トレードでは、主に5分足を使います。とはいえ、私は個人投資家には、毎日のトレードの前に、必ず、週足、日足と、長い足のチャートからチェックしてほしいと伝えています。

　まずは日足を見ると、直近は安値から上げてきていますが、一見して上値が重く、戻りは売りたいチャートになっています。つまり、4日前の高値を上抜けしない限り、戻り売りが予想されるチャートです。

　次に、1時間足を見てみましょう。同じように安値から上げてきていますが、一見して上値が重く、戻りは売りたいチャートになっています。6時間前の高値を上抜けしない限り、戻り売りが出そうなチャートです。そこで、私は本日のトレードは売りから入り、買いで閉じると決めました。

　最後に見るのが、実際にトレードする5分足チャートです。いったん上げた後は、しばらく保合いになっていますので、売りから入っても、買いから入っても機能しています。

　しかし、このまま続けばどうでしょうか？　戻り売りを狙っている人たちが、戻りのなさに待ちきれず、売ってくるかもしれません。あるいは、戻りがあれば売ってきます。あるいは、下抜けすれば売ってきます。つまり、5分足だけを見ている人には、山越えも谷越えも同じように見えますが、

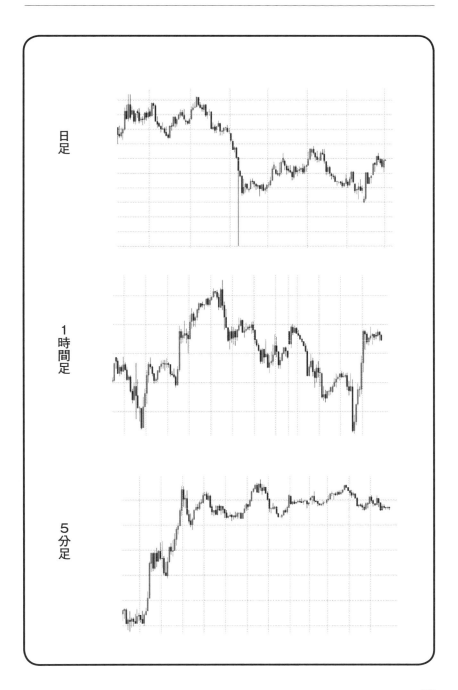

日足

1時間足

5分足

上位足を見て売りたいと考えている人にとっては、山越えは戻り売りのチャンスですが、谷越えでは動かず、むしろ下抜けを売ってきます。

　そう考えれば、私が経験上行ってきた片サイドトレードの優位性は、理論的にも説明できることになります。

　ここでのポイントは、すべての市場参加者はそれぞれの事情、それぞれの見方で売買を行っているということです。そこで、より多くの事情や、見方に精通すればするほど、勝つ確率が高まるということです。上位足のチャートをチェックするだけで、より長期なトレードを行っている人たちの事情や見方に、触れることができるのです。

コラム
保合い相場への対応は？

（質問）

保合い相場への対応はどうすればいいのでしょうか？

（回答）

　前述の５分足チャートを使います。相場が保合いに入ってしまうと、山越え確認、谷越え確認では、すでに安値、高値に近付いてしまい、効率的な運用とは言えなくなります。

　下のチャートは、それでも１本１本の足が短いので、確認後でもそれなりに取れますが、保合い相場では、１本１本の足が長いことも多いのです。

プロディーラーの典型的な手法は、確認を待ちません。前の高値、安値を手掛かりに、近付けば売り、近付けば買いを繰り返します。この例の高値のほうは、いったんの上抜けがありますが、基本的には売れば機能します。上抜けのところは、我慢するか、いったん損切った後に、再び、入り直します。　一方、安値のほうは、下抜けがありませんので、前の安値を手掛かりに買えば機能するのです。

　リスク管理は、上抜け、下抜けで損切りです。ここでブレークアウトにつくかどうかは、そのときの判断です。前問とのつながりで考えれば、上抜けは様子見ですが、下抜けはすぐにでも売ることになります。

　もっとも、それではハードルが高いと思われる方は、「休むも相場」と言われるように、保合い相場での取引を避けることもひとつの対処法です。

　このチャートには移動平均線を入れていませんが、一見して、ローソク足が移動平均線を上に下にと、またぐようにして動いていることが察せられると思います（まだ察せされないという方は、102ページ以降の「移動平均線について」で解説している、移動平均線の仕組みを理解すれば察せられるようになります）。

　ローソク足が移動平均線をまたぎだしたら、それは保合い相場の暗示ですので、しばらくは取引を見送り、移動平均線の片側で安定して動くまで待つのも方法です。

　いずれにせよ、保合い相場は市場に密接しているプロディーラーに分があると言えるかもしれません。

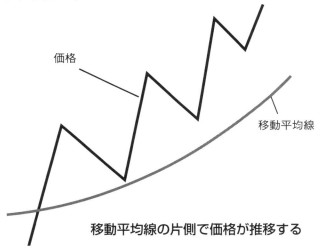

◆トレンドのイメージ

価格

移動平均線

移動平均線の片側で価格が推移する

◆保合いのイメージ

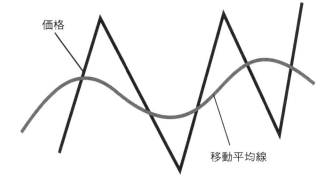

価格

移動平均線

移動平均線をまたぐように価格が推移する

第2章

転換点(山越え&谷越え)の見極めに使える「道具」は何か

第1節
テクニカル分析と
ファンダメンタルズ分析

　相場を分析する手段には、大別すると、テクニカル分析とファンダメンタルズ分析の2つがあります。実際の運用者は、通常そのうちのどちらかひとつに、大きくウエートを傾けて分析し、運用の助けとします。

　投資信託（ファンド）や年金基金、保険金など長期資金の運用は、基本的にファンダメンタルズ分析のみで行っています。なぜなら、テクニカル分析は極論すれば、売買のタイミングを知るためのものなので、長期資金の運用とは無縁だからです。

　一方、本書で扱っているような短期トレードでは、ファンダメンタルズ分析のウエートは重くありません。なぜなら、ファンダメンタルズや相場環境が、短期的に変化することはほとんどないからです。また、そういった変化が起きたときは、突発的なイベント・リスクなので、ファンダメンタルズ分析でもカバーできないからです。

　さらに、ヘッジファンドやスウィングトレードといった、ファンダメンタルズや相場環境に左右される一方で、売買のタイミングもそれなりに重要な運用では、ファンダメンタルズ分析、テクニカル分析共に、どういうものかを知っておく必要があります。それによって、自分がどのようなリスクを取り、どのようなリターンを狙っているかが、

図2－1　ファンダメンタルズ分析に頼った結果

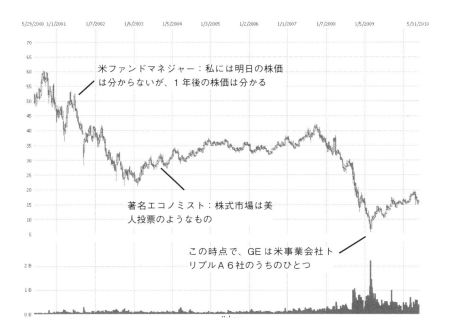

米ファンドマネジャー：私には明日の株価
は分からないが、１年後の株価は分かる

著名エコノミスト：株式市場は美
人投票のようなもの

この時点で、GE は米事業会社ト
リプルＡ６社のうちのひとつ

より明確になるのです（図2−1）。

2000年代の初めころ、当時の世界最大の株式ファンドを運用していたファンドマネジャーが、株価の下落に対するテレビのインタビューで、「私には1年後の株価は分かるが、明日の株価は誰にも分からない」と発言しました。顧客である個人投資家を安心させようとした、「ボラティリティの大きさに惑わされるな」という発言なのでしょうが、私は同氏の発言でかえって不安になりました。

誰にも先のことは分かりませんが、過去のことは覚えています。皆さんの人生を振り返ってみましょう。昨日の自分と今日の自分とには、ほとんどの人が大きな変化を見いださないでしょう。では1年前、10年前と比べればどうでしょうか？　自分を取り巻く環境の変化の大きさに驚く人が多いのではないですか？

チャートは過去の値動きの記録です。過去の値動きを見ていると、時間の経過と共に値動きが変化するのが分かります。これが未来にも続くとすると、明日の変化はそれほどではなくても、1年後、10年後にはどうなるかは分かりません。債券などは、時間の経過をリスクファクターとして、利回りに織り込んでいきます。それが自然な姿です。

その後、そのファンドの運用成績は悪化を続け、仕舞いには解散に追い込まれてしまいました。同氏の間違いは、ファンダメンタルズが株価に連動すると考えたところにあります。例えば、前ページの参考チャートの2000年からの10年間、多くの企業がトリプルAから陥落する中で、ＧＥは希少価値となったトリプルAを維持した6社の中の1社でした。

トリプルAが示す債務の支払い能力を表す面において、ＧＥのファ

ンダメンタルズは超優良企業でした。ファンダメンタルズが株価に連動するのなら、数少ない優良企業であるＧＥは、比較的に買われてもいいはずでした。ところが、株価は10年間で当初の1割以下にまで下落したのです。

　一方、経済のファンダメンタルズを扱う専門家といえるエコノミスト、ケインズは株式市場を「美人コンテストのようなもの」と例えました。これは以下のように、事実誤認と言えるのですが、ファンダメンタルズが通用しない側面は、言い当てています。

　第1章のタペストリー第2理論でも述べましたが、市場は大別して、思惑、意欲で売買する投機・仮需と、事情で売買する長期投資・実需の、2種類の参加者で構成されています。ケインズが言及したのは前者だけで、後者を見落としていました。

　事情に基づく長期投資や実需、あるいは量的緩和政策に基づいて、国債や株式 ETF を買い上げている日本銀行のような当局には、「上げるか、下げるか、誰が1位になるか」などといったような思惑や、意欲を反映できる余地は、ほとんどないのです（図2－2）。

　ファンダメンタルズ分析は、投資物件そのものの分析です。エコノミストはマクロ経済ファンダメンタルズの専門家で、株式のアナリストは企業分析というミクロのファンダメンタルズの専門家です。ところが、そういったファンダメンタルズと市場価格との関連性は、必ずしも高くはないのです（図2－3）。

　ファンドマネジャーや株式のアナリストの中には、「経営者に会わずして企業のことが分かるか」と、個人投資家に対する自分たちの優位性を主張する人たちがいます。本当にそうでしょうか。

　私は100人を超える米企業の経営者や、投資家担当の役員に会った

図2-2　ファンダメンタルズ分析で使うデータ

人口動静

通貨　為替レート

金融政策　金利　政策金利　市場金利

景気動向　成長率　失業率　消費　生産　所得　企業業績

インフレ率　消費者動向　生産者動向　原油価格　資産価値

投資家動向　トレンドフォロー系

財政政策　国内政局　国際情勢

気象

図2-3　ファンダメンタルズ分析の特徴

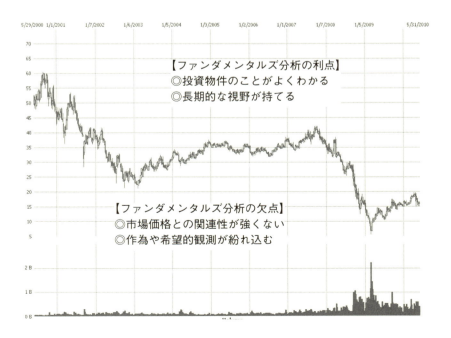

【ファンダメンタルズ分析の利点】
◎投資物件のことがよくわかる
◎長期的な視野が持てる

【ファンダメンタルズ分析の欠点】
◎市場価格との関連性が強くない
◎作為や希望的観測が紛れ込む

ことがあります。私が野村證券で外債ディーラーとして勤めていたころ、「ニューヨークでディーラーをしたい」と転勤を常務に願い出ました。ニューヨークでは、当時私が行っていた米国債のディーリングは（一種の村社会のため）、米国人に任せていました。その一方で、ジャパンマネーが世界を席巻している時代でしたので、転勤後1年ほどは、日本の金融機関とのリレーション担当の部署に配属されました。ちなみに、その後は為替のチーフディーラーを任されました。

　当時は、米国の有力企業がこぞって日本の投資家に株式を持ってほしいと願っていました。そこで野村の米企業担当者は、ニューヨークのウォルドルフ・アストリア、ピエール、プラザといった有名ホテルに連日、米有名企業の社長や投資家担当役員を招き、会社説明のランチョン・プレゼンテーションを開催。私は日本の機関投資家の運用担当者たちをそこに招いたというわけです。

　米企業の本社は全米に散らばっています。そこで会社訪問ツアーと称して、10数社の米大企業の本社を訪ねて回るようなこともしました。イリノイ州に本社がある某有力企業では、創業者一族が本社に隣接した敷地内のゴルフ場での親睦ゴルフに招待されたこともありました。ジャパンマネー、ザ・セイホを連れてくる日本の証券会社はモテモテだったのです。
　そのようにして経営陣と会ったからといって、何が分かったのでしょうか？　米企業側が伝えたいことが分かるだけでした。
　その後、日本でも多くの有力企業が破綻したり、公的支援を受けたりするようなことがありました。しかし、そういった会社の実態を、その会社の従業員はおろか、役員ですら知らされていなかったこともありました。情報が公正でなければ、歪んだ投資判断しか下せません。つまり、ファンダメンタルズ分析では、企業のことがよく分かると言

われますが、それにも限界があるのです。

　一方のテクニカル分析は、価格そのものを分析します（図2－4）。

　「テクニカル分析など当たらない」と言う人がいますが、<u>テクニカル指標とは、上げ下げを予見するものではありません。価格の現状認識を促すもの</u>です。

　また、テクニカル指標でのリアルなデータは、価格に関するものと、出来高に関するもの、それらを基にした比率などだけで、指標そのものは創作物です。つまり、テクニカル指標は、その「作者の相場の見方」を強く反映しています。したがって、作者が相場をよく知らないと、とんでもないテクニカル指標ができ上がってしまうのですが、ここでは実例には触れません。

　私はテクニカル指標を学び、「作者の相場の見方」を通して、相場の理解を深めた後は、価格だけの「素のチャート」に帰ったほうが、歪みなく相場が見えると考えています（図2－5）。

　価格は誰かが売買することにより変動します。その売買の背景には、経済のファンダメンタルズを反映した実需や、そういった環境ゆえの思惑を反映した仮需があります。価格はさまざまな要因で常に変動しているのですが、それらを俯瞰的に捉えるには、ファンダメンタルズ分析が役立つのです。

　常に売り買い1対で出合いが成立することに鑑みれば、勝ち負けは五分五分だと考えたほうがいいでしょう。しかし、ファンダメンタルズの知識をつけることで、その勝率が1％でも高まれば、長期的には大きな差となって来るのです（図2－6）。

　投機資金には時間的な制限があります。短中期的な収益を追求していますので、価格の長期トレンドには関与できません。5年前に作っ

図2-4 テクニカル分析で使う主な指標

> チャート
> ローソク足とバーチャート
> 酒田五法
> トレンドレインとチャートフォーメーション
> 移動平均線
> オシレーター系
> トレンドフォロー系
> フィボナッチ係数、エリオット波動
> 出来高など

図2-5 テクニカル分析の特徴

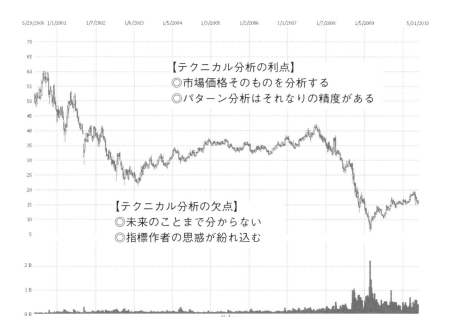

【テクニカル分析の利点】
◎市場価格そのものを分析する
◎パターン分析はそれなりの精度がある

【テクニカル分析の欠点】
◎未来のことまで分からない
◎指標作者の思惑が紛れ込む

図2−6　相場を分析する手段

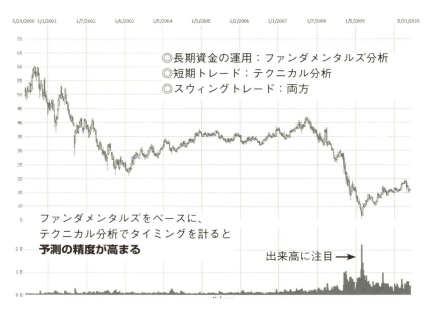

◎長期資金の運用：ファンダメンタルズ分析
◎短期トレード：テクニカル分析
◎スウィングトレード：両方

ファンダメンタルズをベースに、
テクニカル分析でタイミングを計ると
予測の精度が高まる

出来高に注目→

図2−7　短期トレードで狙うポイント

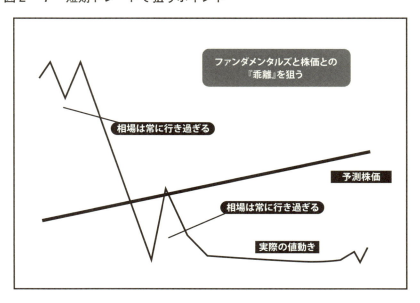

ファンダメンタルズと株価との
『乖離』を狙う

相場は常に行き過ぎる

予測株価

相場は常に行き過ぎる

実際の値動き

たポジションを抱えているヘッジファンドなど、存在しないと言って
いいのです。

　となれば、長期トレンドを知るには、実需や長期投資の動向を知る
必要があります。そして、それらは経済のファンダメンタルズを反映
しているのです。これまでも述べてきたように、投機はその資金の性
質上、常に行き過ぎると言えます。そう考えていくと、短期トレード
だけでなく長期投資でも、相場の行き過ぎを抑える山越え確認で売り、
谷越え確認で買うことが機能すると言えるのです（図２－７）。

第2節
使えるテクニカルと使えないテクニカル

　ここまで、「谷越えを待って買い、山越えを待って売る形が、最も効率の良いトレードである」という話を展開してきました。

　ここで問題なのは、谷越え＆山越えという、いわゆる相場のタイミングをどうやって知るべきなのかです。

　結論から言ってしまうと、タイミングについては、テクニカル分析（チャートパターンやトレンドライン等を含む）を学び、自分で売買を繰り返せば、自然と分かるようになってきます。

　ただ、気をつけなければいけないことがあります。それは、巷で紹介されているテクニカル分析の中には、実戦向きでないものが含まれているという点です。使えないものにいつまでも固執していても、良い結果は得られません。

　以上を踏まえて、本章では、谷越え＆山越えとして使えるかどうかに焦点を当てて、主なテクニカル指標を分析（次ページ参照。ただし、ローソク足は価格情報そのものなので「評価」なし。また、酒田五法はトレードをするうえで、積極的に学んでおくべき基礎情報なので「評価」なし）してみたいと思います。

　言葉を濁すようなことはしません。私の経験則から判断して「使いにくい」と判断したテクニカル指標については、はっきり「使えない」と評します。逆に、使えると判断したものについては「使える（参考として役立つ）」と評します。

【本書で分析するもの】

◎ローソク足
◎酒田五法
◎トレンドライン
◎チャートパターン
◎単純移動平均線と、そこから派生したテクニカル
　・エンベロープ
　・移動平均乖離率
　・加重移動平均線（ＷＭＡ）
　・指数平滑移動平均線（ＥＭＡ）
◎ＭＡＣＤ
◎オシレーター
◎ RSI
◎ストキャスティクス
◎ボリンジャーバンド
◎パラボリック
◎一目均衡表

第3節
ローソク足について知る

ローソク足とは、市場が始まるときについた寄値、引け時についた終値、その間の高値と安値を４本値とし、ローソクのような形で表示したものです。これまで見てきたチャートは、ローソク足を時系列に並べたものです（図２－８）。

４本値は、日足ならば、その日の寄値、高値、安値、終値となります。週足ならば、その週の寄値、高値、安値、終値です。月足ならば、その月の寄値、高値、安値、終値です。

日足よりも短い時間足や分足は、取引時間をその時間枠で切り取って、それぞれの時間枠の寄値、高値、安値、終値を表示します。

１本のローソク足には最低４つの情報が含まれているわけですが、実は、ただそれだけという話ではないのです。

図２―９の左側を見てください。寄値が安く、終値が高い足を、陽線と呼びます。一般的には、陽線は赤や白で表示します。イメージ的には右肩上がりに終始した形です。これは買われ続けたと理解できます。転じて、相場の強さを示します。

逆に、図２－９の右側のように、寄値が高く、終値が安い足を、陰線と呼びます。一般的に、陰線は黒で表示します。イメージ的には右肩下がりに終始した形です。これは売られ続けたと理解できます。転じて、相場の弱さを示します。

図2－8　ローソク足を時系列に並べたのがチャート

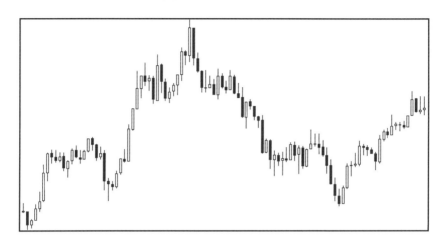

図2－9　ローソク足の示す意味

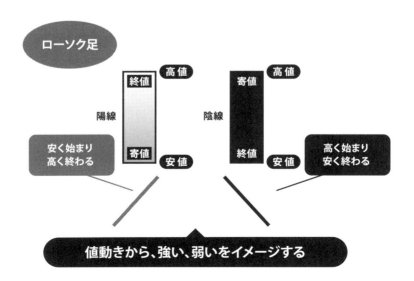

なお、図2−9のローソク足の形は、陽線の場合は寄値が安値、終値が高値と一致した例です、陰線の場合は寄値が高値、終値が安値と一致した例です。

　一方、高値安値が寄値や終値の外にはみ出すことも多いです。むしろ、そのほうが一般的です。図2−10は安値だけが寄値、終値の外にはみ出した例です。はみ出した部分を下髭と呼びます。

　陽線の下髭の値動きのイメージは、「いったん下げたものが切り返し、結局は寄値よりも高く引けた」になります。これは安値を試しに売り込んだものの、結局は高値引けとなり、相場の強さを示します。

　陰線の下髭のイメージは、「下げたものが切り返したものの、寄値水準には届かずに引けた」になります。下値が堅い可能性が出てきましたが、反発の強さはまだ確認できません。

　図2−11は高値だけが寄値、終値の外にはみ出した例です。はみ出した部分を上髭と呼びます。

　陽線の上髭の値動きのイメージは、安く始まり高く上げたものの、高値からは反落して引けた形です。上値が重い感じが出てきましたが、まだ、反落に転じる勢いが確認できません。

　陰線の上髭の値動きのイメージは、いったん上げたものの反落し、結局は寄値よりも安く引けた形です。これは上値を試したものの失敗し、この日に買った人全員が損をしているわけで、相場の弱さを示唆しています。

　もっと一般的なのは、上下に髭がある形です。それぞれ図2−12のようなイメージです。他のパターンも十分に考えられますが、最も典型的な値動きのイメージです。

　図2−12では、高値安値の値幅は同じですが、ローソク足の本体

図2－10　ローソク足には下髭がつく

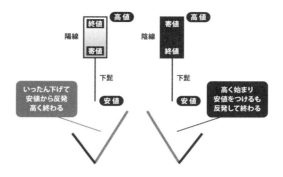

図2－11　ローソク足には上髭もつく

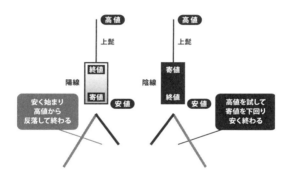

図2－12　上下に髭もつくローソク足が一般的

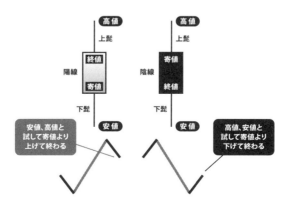

部分が違います。本体部分が陽線になっていると、陰線よりは強いことを示唆します。

　今までの話をまとめると、図2-13のようになります。ローソク足1本だけで、日足の場合ならば、その日1日の値動きがイメージできるようになるのです。週足だと1週間の値動き、1時間足だと1時間の値動きがイメージできます。図2-13では、左から右に行くにつれ、強い足から弱い足になっています。上げ続ける足が強く、下げ続ける足が弱いのです。

　左から右への順番に「弱く」なっていくのが一般的な理解ですが、私はいったん安値を試した後の高値引けの左から2番目を、より強く、いったん高値を試した後の安値引けの右から2番目を、より弱く感じます。また、これらは今後の安値、高値の目処がつくので、トレードしやすいのです。

　チャート自体は、強弱を示唆するローソク足が1本1本並んだものですが、並び方でも強弱を示唆します。これは本章の「酒田五法」で解説しますが、第1章第3節の「短期トレードはチャンスが多い」で述べた、チャートが持つフラクタルな性質を利用することでも、大体の強弱が分かります。

　図2-14を見てください。上段の日足の並び5本を合わせると、週足では中段のようになります。また、日足を23本合わせた月足は下段のようになります。月足はまた週足を4.6本ほど合わせています。月足を見ると、下髭のある陽線で、いったん安値を試した後の高値引けとなります。これは、強い足ですね。

　この期間の後半の週足を見ても、安値を付けた後は、切り上がり、高値を更新していますから「強い」と判断できますね。

　日足を見ても、安値をつけた日が下髭のある陰線で、下値の堅さを示唆しました。その後は安値を切り上げ、後述する「三角保合い」を

図2-13 ローソク足の見方と値動きのイメージ

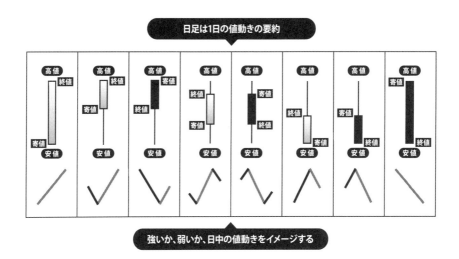

図2-14 判断に迷ったらフラクタルを利用

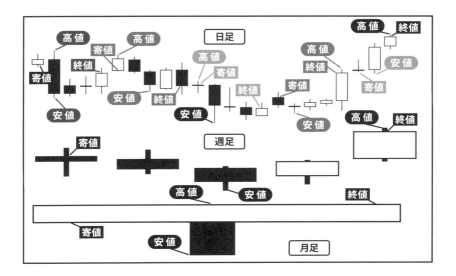

上抜け、高値を更新しながらほぼ高値引けとなっています。当たり前ですが、同じ期間のチャートは、月足でも週足でも日足で見ても強いのです。

　つまり、ローソク足の並びが強いのか、弱いのかに迷ったときは、フラクタルな性質を利用して統合してしまえばいいのです。

　チャート、ローソク足の裏側は、実際の値動きです。その動きを、週足や日足といった時間枠に、人が勝手に押し込めているのですから、同じ期間のチャートは、どの足で見ても、強いものは強いのです。

第4節
酒田五法について

　酒田五法に関する本を読むと、多くのうんちくのある表現に巡り合うことができます。後述する「放れ五手黒一本底」や「上放れタスキ」などという表現自体、それなりに楽しめます。

　ただし、本書の目的は、特定のテクニカル指標を紹介することではありません。

　東京、ニューヨーク、ロンドンの3市場で会社の資金を使って売買し、駆け出し期にはシンガポールや香港でも研修を受けたトップ・ディーラーからの視点を紹介しています。

　私はプロとして為替、債券、株式の3商品を扱い、ヘッジファンドの運用も行ってきました。会社という公の資金で、3大市場、3大商品での運用という意味では、おそらくどのテクニカル指標の作者よりも、経験は豊富です。そんな熟練の資金運用者から見た、酒田五法を紹介します。

　酒田五法の「買い足」には、30パターンほどの並びがあります。図2-15や図2-16のほかにもたくさんありますが、どんな並び方でも、私の基本的な見方はシンプルです。

　前の足の高値、安値を共に上抜いているか、下抜いているか、あるいは、上抜けも下抜けもないか（はらみ）、両方向に抜けているか（抱き）の4つです。なお、「売り足」は、基本的に買い足を上下逆にし

たものですから、見方の重複を避けるために、ここでは触れません。

　図2-15の上図のローソク足の並びで気になるのは、「たくり線」と「逆襲線」です。「下位の陽線5本」「陰の陰はらみ」「陰の陽はらみ」「はらみ寄せ線」も若干、気になります。他の6パターンのローソク足の並びとの違いに、気づきましたか？

　「たくり線」と「逆襲線」は、直前の足を上抜けていません。つまり、最後の1本だけは強いのですが、並びとしては、まだ強さが確認できません。

　「下位の陽線5本」と他の「はらみ」3パターンは、転換点の暗示止まりで、まだ谷越え確認とはなりません。

　これら6つの並びで私が買う場合には、他の条件が必要です。例えば、以前の安値や支持線など、下げ止まりの可能性があるポイントでこれらの並びがあれば買えるのです。

　そうでない場合、私はもう1本のローソク足を待ちます。「たくり線」と「逆襲線」では、次の足が最後の足を上抜けたならば、「はらみ線」の3パターンでは、次の足が大陰線を上抜けたならば、「下位の陽線5本」では、次の足が真ん中の陽線を上抜けたならば、買います。

　逆に言えば、次の足が下抜けたなら、売らねばなりません。リスクを取るわけですから、もう1本待つだけの余裕は持ちたいものです。

　図2-15の下図の並びのなかで、1本だけの「勢力線」「たくり線」は、以前の安値や支持線など、下げ止まりの可能性があるポイントで出れば買えます。

　「三川」は問題ないというより、もう少し早く買いたいですね。例えば、最初のボトムの次の陽線。ダブルボトムの陰線か、次の陽線、トリプルボトムの陰線か、次の陽線です。そこで買えていれば、最後の陽線では買い乗せができます。

図2－15　酒田五法の「買い足」　その1

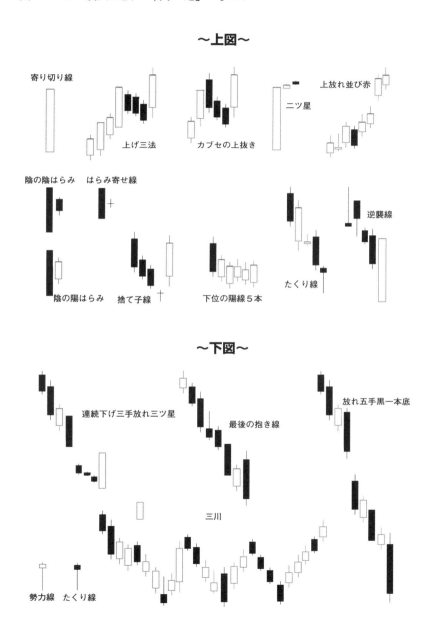

~上図~

寄り切り線

上げ三法

カブセの上抜き

二ツ星

上放れ並び赤

陰の陰はらみ　はらみ寄せ線

逆襲線

陰の陽はらみ　捨て子線

下位の陽線5本

たくり線

~下図~

連続下げ三手放れ三ツ星

最後の抱き線

放れ五手黒一本底

三川

勢力線　たくり線

「連続下げ三手放れ三ツ星」は、窓埋めを待ちたいですね。右隣の次の２つは「抱き線」ですから転換点の暗示です。もう１本のローソク足を見てから、判断したいものです。

　私は、安値更新中のものは買いません。安値更新中のものは、下げ止まりの兆候がまだ出ていないので、どこまで下げるか分からないからです。その意味で図２－16上図の「三手大黒線」「二本の差し込み線」の２つは脱落です。また、直前の足より弱いものは次のローソク足を見てからです。つまり、上放れの右上２つを除いては、すべて、次の足を見てから動きます。

　図２－16下図の「三空」は、安値更新中なので、次の動きを待ちたいです。「毛抜き底」はダブルボトムなので、他に下げ止まりの要因があるかを確認するか、次の足がこの陰線を上抜いてから買います。ここでは、ローソク足の並び方を問題としていますので、次の足の終値が確定してから買いますが、実際の相場では過去からここまでの値動きの推移がありますので、上抜けた瞬間に買う場合もあると断っておきます。

　「逆三尊」は右肩（３番目の安値）の次の陰線で買いたいものです。後の３つは買える形です。また、「なべ底」は右から３番目の陽線で、すでに買える要素ができています。早く入れば期待利益が大きく、また、損切りした場合の痛手が小さいので、後の２本を待たずに買いたいものです。

　第１章の「短期トレードはチャンスが多い」で確認したのは、１分足60本で時間足となり、１時間足24本で日足となり、日足５本で週足、日足22～23本で月足になるようなことでした。また、テクニカル指標はどの長さの時間軸の足でも同じように使えること、そして、例え

図２－16　酒田五法の「買い足」　その２

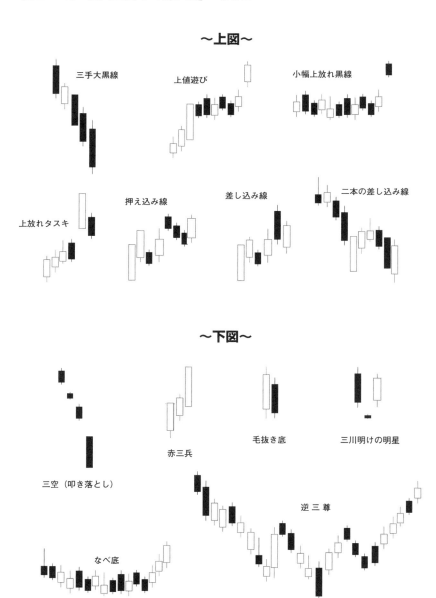

~上図~

三手大黒線

上値遊び

小幅上放れ黒線

二本の差し込み線

押え込み線

差し込み線

上放れタスキ

~下図~

赤三兵

毛抜き底

三川明けの明星

三空（叩き落とし）

逆三尊

なべ底

ば１週間に見られる価格波動の山谷は、週足では見られず（※週足では、１週間全体の値動きを１本のローソク足で表現するため、１週間に見られる価格波動の山谷は表示されない）、日足だとローソク足５本だけの表示になるため山谷を明確に判断しにくいのですが、時間足や分足では、転換点を見極めるトレードが行えるので優位性があることなどが分かりました。

　ここで大事なのは、１本１本のローソク足の中には、実際の値動きの推移がすべて詰まっているということです。このことは何本かのローソク足をくっつけてみても、その中の実際の値動きの推移は何も変わらないことを意味しています。

　ローソク足とは、実際には連続している値動きを、寄値と終値の枠に、人が勝手に押し込めただけのものです。それが分かれば、酒田五法の並びも自由に統合して、単純化しても問題ないことになります。

　実例として、３番目の図の買い足「三手大黒線」の５本の足、４番目の図から買い足「三空」の４本の足をくっつけてみます。２つとも大陰線となります。結合して週足で見ると大陰線となりますから、売り足だと判断するものを、日足に並べ変えて買い足だと考えるのは大きな矛盾になります。ベースが同じ値動きなのですから、勝手に決めた足の長さなどで、売り買いの判断に違いがあってはならないのです。

　このように酒田五法にも明らかな間違いがありますので、鵜呑みは避けるようにしましょう。

　一方で、同じ４番目の図の「なべ底」は、下髭のある陽線となります。ここには、１本のローソク足と複数の並び（すべては実際の同じ価格の動き）に矛盾がなく、買えるのです。

　このように、チャートが持つフラクタルな性質が理解できていなけ

れば、同じ値動きが週足では買い足となり、日足では売り足となるような、酒田五法が持つ明らかな間違いには気づけません。

　77ページで紹介した図2－6が、酒田五法の解説を学んだ後で、腑に落ちるようになったなら、解説してきた甲斐があるというものです。

　ローソク足のフラクタルな性質を理解すれば、1本のローソク足だけで表す「勢力線」や「たくり線」が、なぜ買い足なのかも理解できます。例えば、これらを日足だとすれば、時間足や分足で見ると、安値から転換した「谷越え確認」のローソク足の並びとなるからです。

　これが分かれば、順張りと逆張りも時間軸の違いだと分かります。つまり、週足や日足の「勢力線」や「たくり線」で買うことが逆張りでも、時間足や分足では順張りとなっているのです。

第5節
トレンドライン（各種ライン）について

1）トレンドラインとは

　相場でのトレンドとは、波動の方向を意味します。対義語はボラティリティで、価格の上下動を意味します。このことは、第1章第2節の「TPA理論」を、もう一度、復習してください。

　なお、ここで扱うトレンドラインとは、波動の山谷を狙うときに役立つトレンドラインのことです。解説的には、右肩上がりや右肩下がりと言われるようなトレンドよりも、はるかに小さなものを指します。大きなトレンドラインは、ここでは波動の山同士、谷同士を結んだものとなりますので、短期トレードには使えないのです。

　ちなみに、本書で扱う「短期トレード」とは、目の前で完結させる売買の意味で、デスクを離れることなくポジションを持ち越さないトレードとしています。

　まずは、図2-17のようにトレンドラインを引いてみましょう。切り上げる安値を結ぶ線をサポートライン、切り下げる高値を結ぶ線をレジスタンスラインと呼びます。

　このチャートが週足ならば、サポートラインは23週間続いています。中長期と呼べる長さでしょう。日足ならば約1カ月で中期トレンドです。5分足ならば、1時間55分の超短期と呼べるトレンドです。

図 2 － 17　トレンドラインを引く

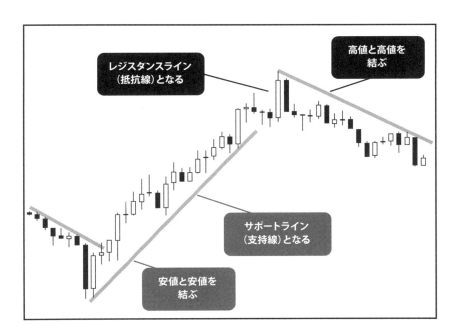

レジスタンスライン
（抵抗線）となる

高値と高値を
結ぶ

サポートライン
（支持線）となる

安値と安値を
結ぶ

2）パラレルラインについて

　次に、サポートラインやレジスタンスラインに、平行線を引いてみましょう。これを「パラレルライン（チャンネル）」と呼びます。下値を支えていたサポートラインの平行線は、上値を押さえる「レジスタンスライン」となります。同様に、上値を押さえていたレジスタンスラインの平行線は、下値を支えるサポートラインになります。

図2－18　パラレルラインを引く

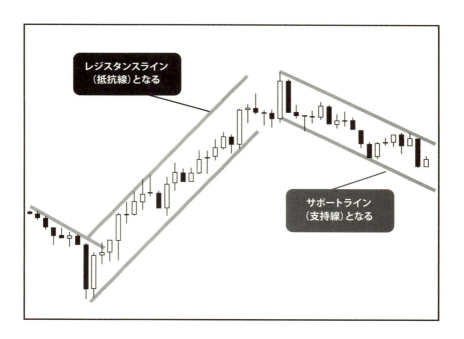

3）ライジングウェッジについて

　サポートラインのうち、明確な押し目がなく、急角度で上げるラインを「ライジングウェッジ（Rising Wedge）」と呼びます。これは山越え確認に使えるラインで、ライジングウェッジの下抜けは、売りの急所のひとつです。

図2－19　ライジングウェッジを知る

4）フォーリングウェッジについて

　レジスタンスラインのうち、明確な戻りがなく、急角度で下げるラインを「フォーリングウェッジ（Falling Wedge）」と呼びます。これは谷越え確認に使えるラインで「フォーリングウェッジ」の上抜けは、買いの急所のひとつです。

図2－20　フォーリングウェッジを知る

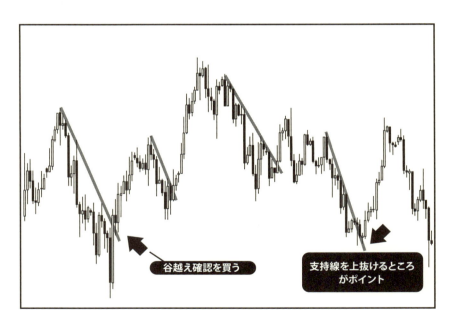

谷越え確認を買う

支持線を上抜けるところ
がポイント

５）三角保合いについて

　切り下げる高値（短期波動の山）を結んだレジスタンスラインと、切り上げる安値（短期波動の谷）を結んだサポートラインに挟まれた相場は、いずれ、どちらかに抜ける形となります。そのようなチャートの形を「三角保合い」と呼びます。

　第２節の図２－14の上段、日足の部分を確認しましょう。慣れてくれば、こういったところに三角保合いを認識し、上抜けに反応できるようになります。

図２－21　三角保合いを知る

6）ラインの性質について

レジスタンスラインやサポートラインといったトレンドラインは、価格を弾く性質を持ちます。同様に、以前の高値や安値も、価格を上下に弾く性質を持ちます。

プロのディーラーは、基本的に以前の高値・安値を手掛かりに売買します。前の高値に近づけば売り、前の安値に近づけば買います。そうでなくても、前の高値近辺では売りたかった、前の安値近辺では買いたかったという人が多く現れ、実際に、そのような指値オーダーも並びます。

また、前の高値・安値から遠ざかるにつれ、レジスタンスラインやサポートラインに沿って、その内側に、売りたい、買いたいというオーダーが並ぶようになります。

そして、その外側には反対方向のオーダーが並ぶのです。これは、高値・安値やトレンドラインを手掛かりに売買した人たちの損切りオーダーです。また、高値・安値やトレンドラインが抜ければ大きな動きにつながると見る人たちの、逆指値オーダーも入ります。

図2－22のような高値・安値やトレンドラインの「価格を上下に弾く」性質を理解していれば、自分のトレードに活かすことができます。

例えば、「上値が抜けない限り売り、下値が抜けない限り買い」を繰り返します。もちろん、上抜けすれば買い戻し、下抜けすれば売り戻しです。上抜け、下抜けがなければ、チャートは三角保合いを作ります。そして、例えば、最後の山越えでの売りが機能し、三角保合いを下抜けしたときに売り乗せすること（ショートポジションを増やすこと）ができれば、大きく取れることになります。

図 2 - 22　トレンドラインは価格を弾く

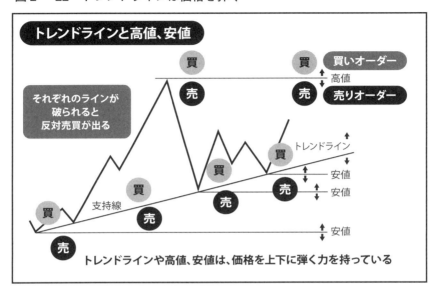

図 2 - 23　トレンドラインとオーダーの関係

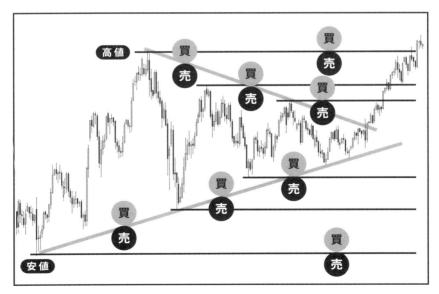

図2－23は、最後の谷越えでの買いが機能し、三角保合いを上抜けした、ごくありふれた実際のチャートです。上記の解説を読み、どうすれば収益を上げられるか、シミュレーションしてください。

7）トレンドラインの基本形について

　トレンドライン（チャートパターン）の基本形は図2－24のように以下の4つに分類されます。

①レジスタンスラインが利いた「下降トレンド」
②サポートラインが利いた「上昇トレンド」
③レジスタンスラインとサポートラインに囲まれた「三角保合い」
④高値更新と安値更新を繰り返す「拡散相場」

　③と④はトレンド模索中で、方向性があるとは言えません。4つのうち、どの相場が取りやすく、どの相場は避けたほうがいいか分かりますか？　答えがすぐ出なくても、読み進めるうちに、「そういうこと」が分かるようになります。

　相場の値動きは予測しにくいもの、取り留めのないものと認識されています。しかし、トレンドラインに沿った高値と次の高値、あるいはトレンドラインに沿った安値と次の安値を斜辺とする直角三角形は、すべて相似形です。
　このことは、同じ時間をかければ同じ比率で値下がり（もしくは値上がり）することを意味しています。ここだけに注目すれば、極めて規則的な動きをするのです。

　TPA（タペストリー・プライスアクション）理論では、ボラティ

図 2 − 24　トレンドラインの基本形

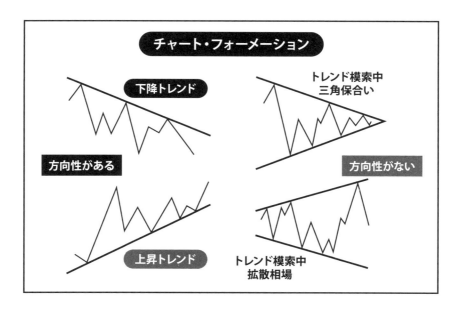

リティは時間制限のある売買を行う投機・仮需が作り、トレンドは量的制限のある売買を行う投資・実需が作ると解説しています。その意味では、トレンドラインは実需動向を反映し、その崩れは実需動向の変化だと理解することができます。

図2－25　トレンドラインの意味

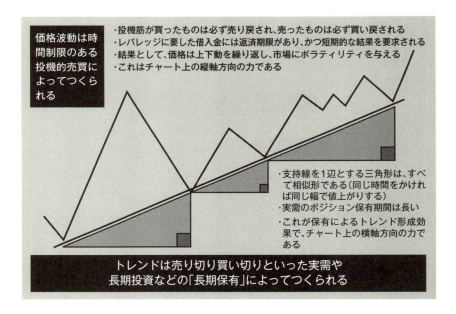

価格波動は時間制限のある投機的売買によってつくられる

・投機筋が買ったものは必ず売り戻され、売ったものは必ず買い戻される
・レバレッジに要した借入金には返済期限があり、かつ短期的な結果を要求される
・結果として、価格は上下動を繰り返し、市場にボラティリティを与える
・これはチャート上の縦軸方向の力である

・支持線を1辺とする三角形は、すべて相似形である（同じ時間をかければ同じ幅で値上がりする）
・実需のポジション保有期間は長い
・これが保有によるトレンド形成効果で、チャート上の横軸方向の力である

トレンドは売り切り買い切りといった実需や
長期投資などの「長期保有」によってつくられる

8）評価

　結論を言います。トレンドラインは、人が勝手に引いた線で、市場で実際に付いた価格ではありませんが、相場を理解し、実際に売買するのに、大いに役立つものだと言えます。

チャートパターンについて

1）概要

　波動の山越え確認で売り、谷越え確認で買うトレードを心掛け、転換点見極めの精度を高めることが、相場で安定収入を得る道につながると言えます。

　テクニカル分析は、過去の値動きのパターン分析です。後述するように、個々のテクニカル指標を使おうが、テクニカル指標を入れない「素のチャート」を見ようが、どちらも、過去から現在に至る値動きを提示することで、見る者に次の動きを推測する手掛かりを与えています。

　95ページでお話ししているように、チャートのパターンは、大きく、4つに分類されます。高値が切り下がっていく下降トレンド。安値が切り上がっていく上昇トレンド。切り下がる高値と、切り上がる安値に挟まれた三角保合い。高値も安値も更新されていく拡散相場です。前の2つには方向性があり、後の2つには方向性が見られません。

　山越え確認で売り、谷越え確認で買うトレードが最も機能するのが三角保合いで、違う発想でのトレードをしたほうがいいのが拡散相場です。もっとも、拡散相場の中にも、方向性や三角保合いがありますので、何もできないケースは、それほど多くありません。

2）評価

　結論から言うと、チャートパターンは転換点の見極めとして、有効
です。

　例えば、トレンドラインでも、右肩上がり、右肩下がりと呼ばれる
ような大きなトレンドは、波動の山同士、谷同士を結ぶので、山越え
確認、谷越え確認でのトレードにはあまり役立ちません。

　ライジングウェッジ（Rising Wedge）や、フォーリングウェッジ
（Falling Wedge）と呼ばれる急激な上げ下げからの下抜け、上抜け
のほうが転換点の見極めに役立ちます（図2－26）。

図2－26　下抜け、上抜けを見極める

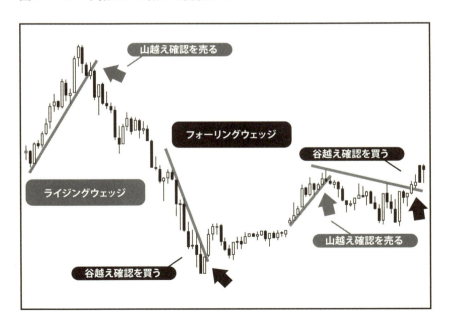

また、相場の転換点では、ダブルボトム（Double Bottoms）やダ
ブルトップ（Double Tops）というパターンがよく見られます。

　これは、前ページの図のライジングウェッジやフォーリングウェッ
ジからの転換前のように、ローソク足が２本並ぶようにトップやボト
ムをつけることもあれば、図２－27のように何本かの間隔を空ける
こともあります。あるいは、数カ月や数年の間隔を空けたダブルボト
ムやダブルトップもあります。フラクタルで、月足や年足を考えれば、
それも当然ですね。

図２－27　ダブルボトムやダブルトップを見極める

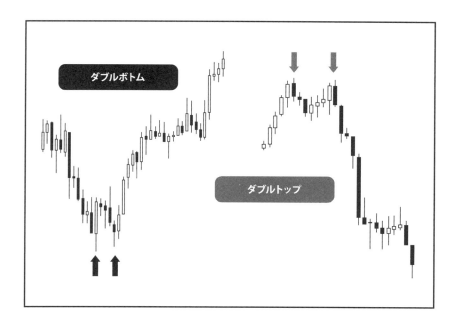

ヘッド・アンド・ショルダーズ（Head and Shoulders）と、リバース・ヘッド・アンド・ショルダーズ（Reverse Head and Shoulders）は、酒田五法の売り足「三尊」と、買い足「逆三尊」に対応しています。

　ヘッド・アンド・ショルダーズでは、ダブルトップの高値を更新して跳ねるかと思った相場が崩れ始め、確認のために再度、高値を試すも、今度は前の高値に届かない形です。それを頭と両肩に見立てたものがヘッド・アンド・ショルダーズ、三体の仏像に見立てたものが三尊です。首の根本に当たるネックラインを抜けると、大きな動きになると言われています。

図２－28　２つのショルダーズを見極める

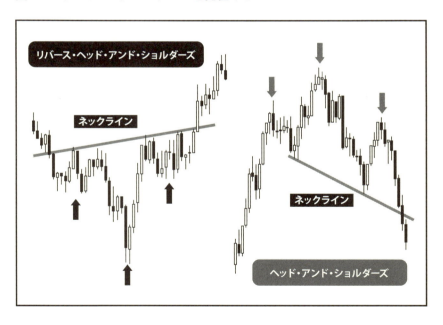

なべ底は、下値を十分に試した形で、もう売り物が出てこない時期になって上放れするパターンです。そして、それなりに上げた後に、もう一度、下値を試しにいくと、カップ・アンド・ハンドル（Cup and Handle）という形になります。両方とも、最も強く上げる可能性があるパターンとなります。

図 2 － 29　なべ底を見極める

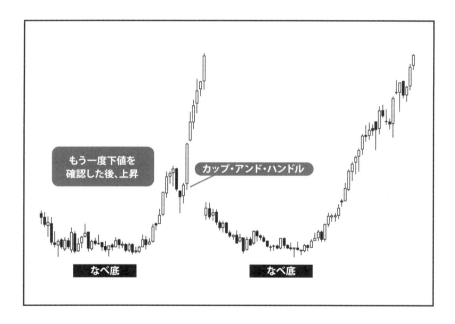

第7節
移動平均線について

1）概要

　チャートに実例として引かれたトレンドラインを見て、トレンドラインとはこういったところに引くのか、あるいは、自分ならここに引くなどと思った人はいますか？　私はそうであってほしいと思っています。

　トレンドラインは、市場で実際に付いた価格ではないものの、相場を理解し、実際に売買するのに、大いに役立つものですから、自分なりに役立てばそれでいいのです。

　とはいえ、初心者の方々はもっとしっかりとした「ブレの少ない」ものを手掛かりとしたいかと思います。そこで紹介したいのが移動平均線［Moving Average、通称MA。なお、本書では、特に断りがない場合、移動平均線のことは単純移動平均線（Simple Moving Average、通称SMA）を指す］です。トレンドラインには主観が大きく入りますが、移動平均線では、長短のパラメーターさえ同じならば、プロが引こうが、初心者が引こうが、まったく同じ線しか引けません。客観性に優れているテクニカル指標です（図2－30）。

　ローソク足は、4本値と呼ばれる、寄値、高値、安値、終値の情報を組み合わせることで、その期間の相場が強い、弱いかを暗示させる

ものです。

　移動平均線はそういった４本値のうち、「終値が最も重要だ」として、他の３本の情報を捨て去りました。当然、陽線、陰線、上髭、下髭などといった情報も無視されています。

　こういった情報操作（本来あるべき情報を隠し、特定の情報だけを強調する）は、移動平均線が持つ思想を反映しています。それは情報過多を防ぎ、最も重要だと見なす情報に絞り込むことで、トレンドを強調するという考えです。このことは一方で、その絞り込みが的外れであれば、移動平均線そのものの信頼を損ねるリスクを抱えています。

　移動平均線に限らず、すべてのテクニカル指標は、そういった作者の思想や能力の限界を反映していますので、評判のテクニカル指標だからと、「鵜呑み」にすることは避けなければなりません。テクニカル指標とは、参考とすべきもので、頼るべきものではないのです。

図２－30　移動平均線を引く

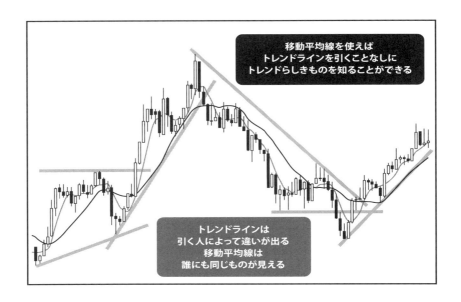

私にとっては、手書きのチャートのほうがしっくり来ます。リアルタイムに動くチャートがプロ用にもなかった時代から相場で売り買いしていますので、どのテクニカル指標が現場の考え方に合致しているかを判断することができます。

　当時は、実際の短期トレードの売買にあたってチャートを見るディーラーは存在せず、チャートは「罫線読み」などと呼ばれる、テクニカル・アナリストのためのものでした。当たるも八卦当たらぬも八卦では、損益のかかったディーラーたちには使えません。

　ところが、ディーラーたちの実際の売買が、実は一部のテクニカル指標が示唆する売買に似ていることに気づいたため、私も一通りテクニカル指標を勉強しました。チャートも何種類か、何年間は自分の手で描き続けました。その後、現場のディーラーが実際に売買する目から見た『テクニカル指標の成績表』（パンローリング刊）という著書も出しました。

　個人投資家がディーラーの環境に身を置くことは、事実上、不可能ですので、私が皆さんに判断材料を提供します。もっとも、私自身も、自分の相場に対する思想や能力の限界から逃れることはできませんので、皆さん自身の売買体験から、あるいは他の人の書物や話から、このテクニカル指標は使える、使えないを判断しましょう。

　本題に戻ります。移動平均線は、寄値、高値、安値、終値といった４本値から、情報を終値１本に絞り込んでいます。これは終値にその足の持つ意味が集約されていると考えるからです。

　例えば、デイトレードでは、朝買ったものはその日のうちに売り抜け、あるいは朝売ったものはその日のうちに買い戻し、その日の終わりには何も保有していません。つまり、市場にデイトレーダーしかいなければ、買って売って、売って買ってであって、高値安値がどこまで伸びようと関係ないのです。前日の終値と当日の終値も同じはずです。

当日の終値が前日の終値よりも上がるとすれば、デイトレード以外の人が買ったことを表します。つまり、前日買ったものを、当日も保有しているから、終値が上げているのです。この詳しい説明は、第1章の「TPA理論」の解説に譲り、ここでは終値ベースでの上昇は、上昇トレンドにつながることを示唆していると書くだけにとどめます。

　移動平均線は、そういった終値をつなぐことで、トレンドが上向きか、下向きかを表します。また、中長期の移動平均線と、短期の移動平均線を組み合わせることで、中長期トレンドから短期トレンドへの変化も示唆するのです。

　後述しているように、下げてきた中長期線を短期線が上抜く「ゴールデンクロス」は、中長期下落トレンドからの転換、すなわち谷越えを示唆します。また、上げてきた中長期線を短期線が下抜く「デッドクロス」は、中長期上昇トレンドからの転換、すなわち山越えを示唆します。

　このように、現場のディーラーの目から見ても「移動平均線は使える」と評価できます。短い時間軸の足（分足など）を使えば、デイトレーダーたちが作る、その日のうちの短期トレンドと超短期トレンドの変化を示唆してくれますので、日中の短期波動の山越え確認、谷越え確認にも使えるのです。このことは皆さんが自分の売買で確認しましょう。

　ところで、終値ベースでの上げ下げが、上げ下げトレンドにつながることを示唆しているとすれば、高値、安値には、どういった意味があるのでしょうか？

　私は、最も効率的な売買とは、「山越えを待って売り、谷越えを待って買う」ことだと、再三、強調しています。山とは高値、谷とは安値です。また、山越えだと思っていたのに、新たな高値が出現したときには、損切りして売りポジションを閉じなければいけないと述べてい

ます。損の拡大を防ぐためです。

　つまり、高値更新は、さらなる上昇を示唆しているのです。同様に、安値更新は、さらなる下落を示唆しています。これは現場のディーラーたちが、最も留意していることです。その意味では、現場のディーラーにとっては、終値よりも、高値安値のほうが大きな意味を持っていることになります。

　また、高値、安値は、24時間、どの市場で付けたものでも、市場で付けたものである限り、高値、安値として記録に残ります。実際にそこまで上げたのに、そこから反転したところが高値、そこまで下げたのに、そこから反転したところが安値です。

　一方の終値は曖昧なものです。分足、時間足、日足、どの足を見るかで、それぞれ終値が違います。同じ商品でも、東京市場の終値と、海外市場の終値は違います。いつ、どの市場でも「付いた高値安値は同じもの」との違いです。

　では、寄値はどうでしょうか？　終値の持つトレンドを示唆する利点、高値安値の持つ山谷とその上抜け下抜けを教える利点のどちらもありません。そのため、ひと昔前のシカゴ先物市場のチャートブック上のバーチャートには、寄値がありませんでした。

　現在のバーチャートには、おそらくローソク足の影響を受けたために、寄値が左側に描かれています。そして、その名もバーチャートではなく、ＯＨＬＣ（Open-High-Low-Close）と呼ぶのが一般的になりました。4本値そのままですね。

　現在の一般的なバーチャートは、ローソク足と同じだけの情報が詰まっています。しかし、図2－31のチャートを見ると、ローソク足とは印象が随分違います。ローソク足で強調されている陽線、陰線がよく分かりません。また、上髭、下髭も上下へのはみ出し感があまりありません。つまり、足1本1本の強弱の意味が薄れてしまっています。

図2－31　寄値付きのバーチャート

図2－32　移動平均線の意味

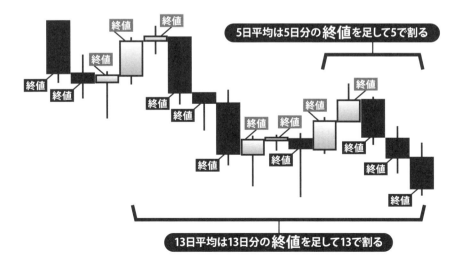

では、バーチャートは、ローソク足に比べて、劣ったものなのでしょうか？　そうとも言えないのです。足1本1本の強弱の意味が薄れていることで、波動やトレンドが浮き立つのです。

　基本はすべて、市場でついた値動きです。チャートの種類やテクニカル指標は、それらをある思想をベースに適当に料理したものです。それが分かれば、テクニカル指標に使われることなく、使いこなすことができるようになるのです。

　移動平均線は、現在はPC上やスマートフォン上のチャートシステムで簡単に見られるために、その意味を考える機会が少ないと思います。私には何年間か毎日、手計算で当日分の移動平均線を何本も書き足していた時期がありました。そのおかげで、移動平均線を引かなくても、頭の中に大体のイメージを描けるようになりました（図2－32）。

　移動平均線をはじめとした、合理的にできたテクニカル指標は、例えば自転車に自分で乗るための補助輪で、転換点を見極めるためのバランス感覚を得るためには有用です。頼り過ぎるとかえって危険なのですが、使いこなせれば、早く自立走行できるようになるのです。そして、使いこなすためには、そのものをよく知らなければなりません。

2）移動平均線の引き方

　移動平均線は手計算で簡単に引けますので、自分で引けるようになるのも、上達への道のひとつです。もっとも、同じ手間暇をかけるのならば、少額で実際の売買を重ねるほうが、上達への近道だと言えます。あなたの最終目標がテクニカル・アナリストではなく、相場で安定収益を上げることであるならば、です。

　移動平均線は、当日までの過去何日間かの終値の平均値を当日の価格の上または下に点で打ちます。

例えば、20日移動平均は、当日までの過去20日分の終値を足し、20で割ったものを、当日の価格より高ければ上に、低ければ下に点で書きます。平均値が価格の上にくれば当日の価格は平均値よりも安いのでこれだけでもトレンドは下向きだと暗示されます。

　20日移動平均線では毎日新しい終値を足し、同時に21日前の終値を計算式から省いていきます。そして、毎日の点を結んで線とします。この線が上向きならば平均値が高くなってきているので、トレンドは上向きだと暗示されることになるのです。

　同じようにローソク足5本の移動平均線（以降は、5SMAとします）は、直近の終値を加えれば、6本前を省き、13SMAなら、直近の終値を加えれば、14本前を省き、21SMAは、直近の終値を加えれば、22本前を省いていきます。そして、それらを結んで移動平均線とするのです（図2－33）。

図2－33　移動平均線の見方

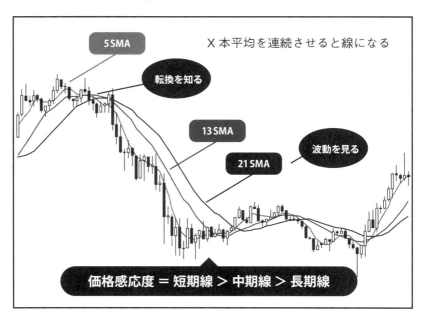

このとき、長い SMA は上げ下げの波動を示す一方で、短い SMA はローソク足に寄り添います。そこで、直近の動向をより反映する短い SMA が長い SMA をクロスすることは、波動の山越え確認、谷越え確認の、つまり、価格動向転換の手掛かりとなるのです。

それでは、ここまでの話の理解を深めるために、実際の数値を入れて説明してみましょう。下記の図2－34の表の「日足での終値の推移」を使います。

図2－34　日足での終値の推移

先　週				
月　曜	火　曜	水　曜	木　曜	金　曜
1,010 円	1,030 円	1,040 円	1,080 円	990 円
今　週				
970 円	1,000 円	1,020 円		

今週の月曜日の朝の時点の5日移動平均は以下になります。

$$（1010+1030+1040+1080+990）／5 ＝ 1030 円$$

今週の火曜日の朝の時点の5日移動平均は、月曜日の終値が入れ替わって、以下になります。

$$（1030+1040+1080+990+970）／5 ＝ 1022 円$$

今週の水曜日の朝の時点の5日移動平均は、火曜日の終値が入れ替わって、以下になります。

$$（1040+1080+990+970+1000）／5＝1016円$$

　そして、木曜日の今朝の時点の5日移動平均は、水曜日の終値が入れ替わって、以下になります。

$$（1080+990+970+1000+1020）／5＝1012円$$

　この話で分かるのは、今週の火曜日から価格が上向いたにもかかわらず、移動平均線は依然として下向きだということです。また、木曜日の終値が1080円以上でない限り、翌日もまだ下向いたままなのです。そして、翌々日になって、終値が990円以上ならば、移動平均線も上向きに転じます。

　このことは、移動平均線は価格を後追いすることを意味します。そして、長期になるほど、後追いの傾向が強くなるのです。

　移動平均線は通常1本だけではなく、短期長期の2本、あるいは中期を加えた3本を組み合わせて使います。私は2本だけですが、短期線には5を入れますので、事実上、「1」「2」「3」「4」「5」の5本の短期線を同時に見ていることになります。

　つまり、「1」とは現在の終値、直近のローソク足の終値です。1と5SMAとの間には、2SMA、3SMA、4SMAがあり、計算すれば書き込むことができますが、直近のローソク足5本分の動きなので、書き込まなくても大体分かります。書き込むと、逆に乱雑になってしまいます。

　1であるローソク足が長期の移動平均線とクロスすれば、デッドク

ロス、ゴールデンクロスとなります。とはいえ、「1」だけですとダマシが多いので、5SMAとクロスする間の価格の動きを見ます。そうすることで、「2」「3」「4」は、書かなくても見えるのです。このことは、売買の手掛かりとするのに、5SMAと長期線がクロスすることを待つ必要はなく、「1」であるローソク足がクロスしたなら、次の足、その次の足の傾向を見ていれば、十分に転換点見極めの参考になることを示しています。5SMAを待たないのは、移動平均線が持つ遅行の弊害をより少なくするためです。

　長期線は波動を見やすくするものがよいでしょう。ご自分で8SMAから25SMAの間の数値を入れて見て、ローソク足に近づき過ぎず、離れ過ぎずの数値を選びます。私は、フィボナッチ数値でもある「8」「13」「21」と入れてみて、自分が狙っている波動に最もフィットした「13」にしました。とはいえ、より一般的という意味ならば、「20」を使ってもいいでしょう。後述しますが、ボリンジャーバンドは20SMAを基準にしているからです。つまり、「5」と「13」、あるいは「5」と「20」の組み合わせが、デフォルトということになります。
　価格が谷を越えて上昇し始めるとき、価格（移動平均線の1）が、13SMAや20SMAを上抜けすれば、目先トレンドが上向いた暗示となります。先にも少し触れたように、短期線が長期線を上抜けすればゴールデンクロスと呼び、短期トレンドが上向いた暗示となります。そして、長期線が上向いて価格や短期線を追いかけ始めると、長期トレンドも上向いた暗示となるのです。

　長期線を13と21にしたときの違いを見てみましょう。図2－35は短期線5、長期線13としたものです。
　これを見れば、ＤＣと表示されたデッドクロスで売ること、ＧＣと表示されたゴールデンクロスで買うことが、一見して、機能すると分

かります。つまり、上げていた相場が下げに転じた後にＤＣが出て、下げていた相場が上げに転じた後にＧＣが出ていると見て取れます。

とはいえ、右側のほうではＤＣ、ＧＣが続いて出ています。谷越えかと思えばすぐに山越えとなっていて、むしろ混乱してしまいます。そんな場合には、波動を見るために入れた長いほうの足を延ばせばよいのです（注：短い足は転換点見極めのためなので、ここで言うと５は動かしません）。

図２−35　ゴールデンクロスとデッドクロス（５SMA と 13SMA）

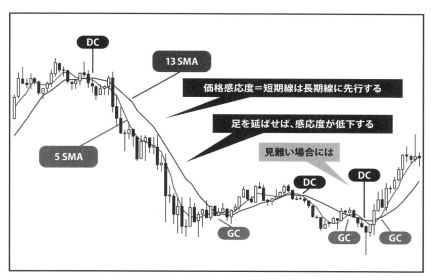

ゴールデンクロス（GC）は谷越え確認として、デッドクロス（DC）は山越え確認として使うことができる

短い足は５のままで、長いほうの足を21にしました（図２－36）。ここでも、ＤＣと表示されたデッドクロスで売り、ＧＣと表示されたゴールデンクロスで買うことが、一見して機能することが分かります。そして、右側のほうもすっきりとして、山越え確認、谷越え確認の転換点の見極めが分かりやすくなりました。

図２－36　ゴールデンクロスとデッドクロス（５SMA と 21SMA）

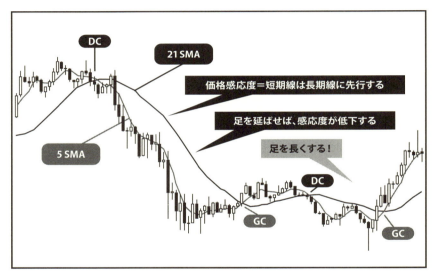

ゴールデンクロス（GC）とデッドクロス（DC）は必ず交互に現れるので、リスク管理が容易にできる

３）評価

　相場は先を読むものです。現在の価格ですら、次の瞬間はどうなるか分からないのに、価格をさらに後追いする移動平均線に意味があるのでしょうか？　ましてや数カ月前や１年も前の価格の推移を、今の線として提出する長期線には、どんな意味があるのでしょうか？

　実は、過去の数値を現在の数値と組み合わせて表示するからこそ、移動平均線は意味を持つのです。例えば、ファンダメンタルズの数値として、仮に「現在のGDPの数値530兆円」だけを出されたとしても、それだけでは、その意味が分かりません。その数値を、前期比何％増、前年比何％増などと対比して初めて、経済が上向き、下向きなどのトレンドが分かるのです。

　ローソク足は、過去から現在までの価格の推移を記録した、いわば生のデータです。短期の移動平均線は、短期的な価格の動きを波動に換えています。長期の移動平均線は、長期的な価格の動きを波動に換えています。当然、うねりは長期のもののほうがゆったりしたものになります。

　次ページの図２－37には、短期から数カ月前や１年も前の価格の推移を、今の線として提供する長期線とを並べて表示しました。分かりにくければ、右端の今の価格のところを見ましょう。現在価格は、短中期的には売られているものの、長期と比較すると、まだ高い位置にあることが分かります。

　移動平均線は、例えば20SMAと決めれば誰が描いても同じ線になります。したがって、短長期の移動平均線の組み合わせによって、トレンドの継続と転換とが客観的に見えるようになるのです。

　また、移動平均線は、週足、日足、時間足、分足など、どの時間枠の足でも同じように使えます。このことは、第１章第３節「短期トレー

ドはチャンスが多い」で説明しています。もう一度、確認しておいてください。どんなことでも、繰り返しを厭わないことが上達の秘訣です。

図2－37　過去との比較

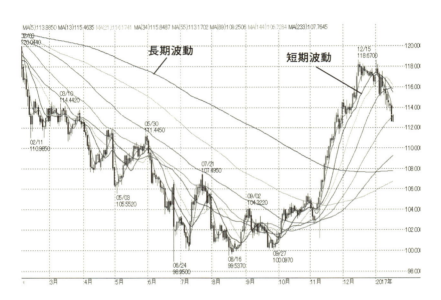

長期波動は長期投資家の動向を
短期波動は短期投機筋の動向を
反映する？

コラム／移動平均線の使い方

　トレンドの転換の場合、長期線はゆっくりし過ぎていて、反転確認に時間がかかり過ぎます。一方の短期線は、価格の動きに敏感過ぎて、ダマシが多くなります。

　このことは、何足の移動平均線を使うかのさじ加減が、移動平均線の肝だといえるのです。では、別のチャートを使って、移動平均線をイメージしてみましょう。

　まずは、5SMA を入れると、どうなるかイメージできますか？価格に沿って動きますね。

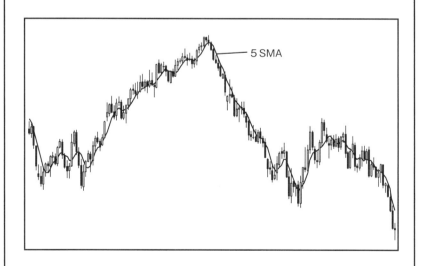

5SMA

次に、13の移動平均線を加えます。波動を示す13SMAと、価格に沿った5SMAがクロスするのが見えるようになります。

長期線を8SMAにしてみましょう。波動を示す8SMAが、5SMAに近づき過ぎました。

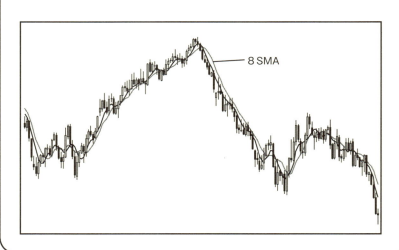

長期を21SMAに変更してみました。波動を示すのが13SMAでなく、21SMAでも良いことが分かります。違いは、13SMAのほうがローソク足の山頂や谷底に近いことです。これには、メリットとデメリットがありますが、ここでは省略します。

　これら、5、8、13、21はすべてフィボナッチ数値です。波動を示すには、10や20を入れてもよいのですが、何らかの意味のある数値を選びました。どれもが随分、短い足の組み合わせだと思うかもしれませんね。

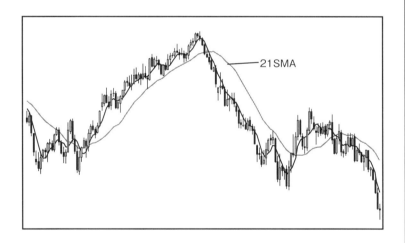

では、一般の株価チャートなどにある25SMAと、75SMAを組み合わせましょう。

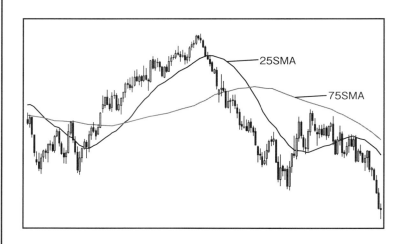

　これに、もう1本200の移動平均線を入れます。

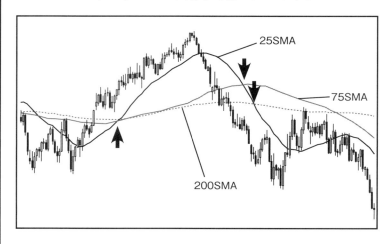

下の５SMAと13SMAの組み合わせと、どちらが効率的に売買できると思いますか？

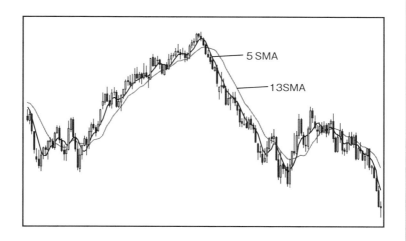

　前ページ下段のチャートの上向きの矢印の上にあるローソク足で買うことがゴールデンクロスの示唆、下向きの矢印の下のローソク足で売ることがデッドクロスの示唆です。長過ぎる移動平均線を使うと、このチャートのような、それなりの値幅のある波動でもエントリーが遅過ぎて、損失になることが分かります。

移動平均線の派生テクニカル

　移動平均線はトレンドラインと違い、パラメーターさえ同じなら、誰が引いても同じものになるという客観性を持っています。また、短期線と中長期線のクロスは、山越え確認、谷越え確認の参考になると分かりました。

　そこで、投機的売買の行き過ぎを押さえるトレードを念頭に、移動平均線から派生したテクニカル指標についても見てみましょう。

1）エンベロープ（概要と評価）

　エンベロープ（Envelope）とは封筒のことです。包むものという意味を持っています。テクニカル指標では、25SMAを包み込むような形で、移動平均線からの乖離（離れること）を示します（図2－38）。

　終値をつないだ移動平均線がトレンドを示唆しているとすれば、トレンドからの逸脱は、投機的な売買の存在を暗示することになります。投機的売買の行き過ぎは、必ず反対売買されます（第1章の「TPA理論」参照）ので、外側のエンベロープに近づくほど要注意だということになるのです。

　波動の山谷は、後になるまで分かりません。だからこそ私は、山越え確認で売り、谷越え確認で買うことが効率的だと申し上げています。移動平均線のクロスは、山越えの後にデッドクロス、谷越えの後

図 2 − 38　移動平均線からの乖離を示す「エンベロープ」

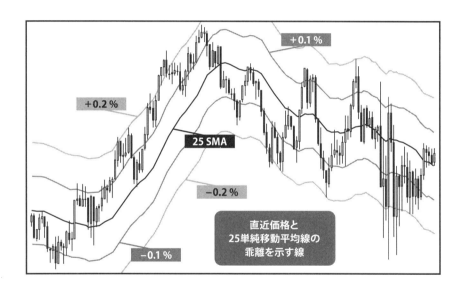

にゴールデンクロスを出す遅行指標です。

　一方、行き過ぎを示唆するエンベロープは、転換確認には無関心ですから、どこまで行き過ぎるか分かりません。いずれ山越え、谷越えになるにしても、「いつなるのか」が分からない先行指標なのです。行き過ぎはエンベロープがなくても分かりますので、あってもなくてもよい指標だと言えます。

２）移動平均乖離率（概要と評価）

　移動平均乖離率は、一般的には、直近価格が25日移動平均線（25SMA）からどれだけ乖離しているかを示す指標です。図２－39では、エンベロープと合わせて表示しました。エンベロープでは、どれだけ乖離しているかの幅が価格に沿って描かれますが、移動平均乖離率は25SMAをゼロとする横線で描き、そこから何パーセント乖離しているかを示します。つまり、移動平均乖離率が提供する情報そのものは、ローソク足チャートに、単に25SMAを描いたものと同じものです。

　移動平均乖離率のように、移動平均線をゼロとして横線で描いたほうが、単なる移動平均線よりも見やすいかもしれません。しかし、価格が全体として波動を描いている中での乖離にこそ意味があるわけで、この手の操作は、むしろ相場の本質から遠ざかると言えます。現場叩き上げのプロの目には、お勧めできるテクニカル指標とは言えません。

　移動平均線からの乖離に注目すること自体は、山越え＆谷越えの「先行指標」として使えると言えます。とはいえ、図に示しているように、いつか来る転換点を待つ「先行指標」はリスクを取るうえで、あまり参考にはできません。

　一方、デッドクロスやゴールデンクロスのような遅行指標は、遅行

図2－39　単純移動平均線からの乖離を示す「移動平均乖離率」

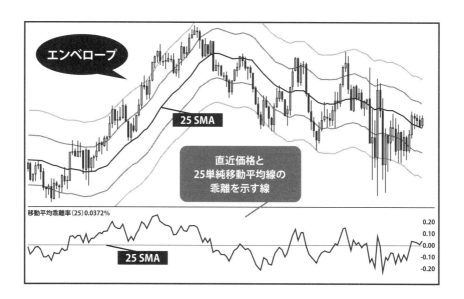

の度合いを縮めれば、谷越え＆山越え確認の手段として、十分に参考として使えるのです。

３）加重移動平均線（概要と評価）

　移動平均線の特徴は「価格を後追いする」ことでした。そして、長期のものほど、後追いの傾向が強いことも分かりました。

　しかし、昨日の価格が１カ月前のある日の価格、あるいは１年前のある日の価格と同じ比重で、同じ意味でしかないのはおかしいとは思いませんか？　もしかすると、加重移動平均線（Weighted Moving Average、通称WMA）のアイデアは、そうした疑問から出てきたのではないかと思います。

　加重移動平均線（WMA）では、直近の価格に近いものほど重要度を大きくして、一定期間の平均値としました。例えば、20WMAの場合では直近価格を20倍し、古くなるにしたがって倍率を減らし、最も古い20足前の価格を１倍として、移動平均価格を出しました。

　102ページで解説した移動平均線では、価格の変化に敏感に反応する５SMAのような短期線でも、方向転換にそれなりの時間がかかることが分かりました。

　WMAでは、次ページの例で説明すると、価格が転換して２日後には、もう転換しています。移動平均線には、「トレンド転換の場合、長期線はゆっくりし過ぎていて、反転確認に時間がかかり過ぎる。一方の短期線は価格の動きに敏感過ぎて、ダマシが多くなる」という性質がありました。

　つまり、価格により敏感になるWMAは"ダマシ"が多くなることを意味します。これは、足の数に見られる数値よりも、実体が短期になっていることを意味します。当然ですよね。何しろ、遠く（長期）

図 2 － 40　加重移動平均線の算出方法（5 日移動平均の場合）

月曜　　1010円
火曜　　1030円
水曜　　1040円
木曜　　1080円
金曜　　 990円
━ 今 週 ━
月曜　　 970円
火曜　　1000円
水曜　　1020円

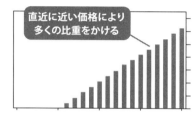

直近に近い価格により
多くの比重をかける

注：単純移動平均線ではどの日も同じ比重

終値が以上のように推移した場合：

今週の月曜日の朝の時点の5日移動平均は
（1010+1030×2+1040×3+1080×4+990×5)/15=1031円

今週の火曜日の朝の時点の5日移動平均は、月曜日の終値が入れ替わる
（1030+1040×2+1080×3+990×4+970×5)/15=1011円

今週の水曜日の朝の時点の5日移動平均は、火曜日の終値が入れ替わる
（1040+1080×2+990×3+970×4+1000×5)/15=1003円

そして木曜日の今朝の時点の5日移動平均は、前日水曜日の終値が入れ替わる
（1080+990×2+970×3+1000×4+1020×5)/15=1005円

の比重を下げ、近く（短期）の比重を上げたのですから。WMA とは、つまるところ、より短期なSMA と同じなのです（5 WMA は3 SMA とほぼ同じ）。

　物事はシンプルなものほど状況の変化に対応しやすく、また間違いも少ないのです。WMA はむやみに計算が煩雑になるだけですから、効果がほぼ同じSMA だけで十分だといえるでしょう。

4）指数平滑移動平均線（概要と評価）

　昨日の価格が、1 カ月前のある日の価格と、あるいは1 年前のある日の価格と同じ比重で、同じ意味でしかないことを「おかしい」と考えれば、WMA の意図が分からなくもありません。

　しかし、WMA のように過去に向かうに従って一律に比重を下げていくような、単純に算数的なことでいいのでしょうか？　より数学的に、より複雑に、直近価格に近いほうに比重をかけながら、過去に向かうに従って放物線的に比重を下げられないものでしょうか？

　指数平滑移動平均線（Exponential Moving Average、通称EMA）は、そのような発想から生まれたものかもしれません（図2 - 41 ＆図2 - 42）。

　ちなみに、exponential というのは、数式などが累乗の指数を含んだという意味で、転じて、「急激な、飛躍的な」という意味でも使われます。ここでは、計算がより複雑化しているために、もはや手計算ができなくなっています。

　私も昔、ロイター・グラフィックという金融機関向けの高価な機械で、EMA の数値をいろいろ変えて最適化を試みたことがあります。最適化というのは、バックテストにて「EMA の何足の数値を組み合わせれば、デッドクロスで売り、ゴールデンクロスで買うことで、必

図2－41　指数平滑移動平均線（ＥＭＡ）の特徴

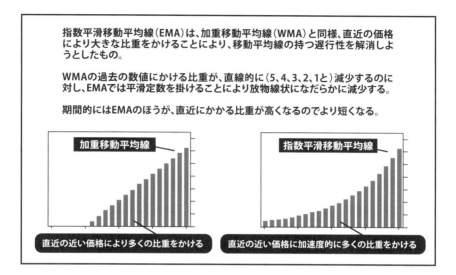

指数平滑移動平均線（EMA）は、加重移動平均線（WMA）と同様、直近の価格により大きな比重をかけることにより、移動平均線の持つ遅行性を解消しようとしたもの。

WMAの過去の数値にかける比重が、直線的に（5、4、3、2、1と）減少するのに対し、EMAでは平滑定数を掛けることにより放物線状になだらかに減少する。

期間的にはEMAのほうが、直近にかかる比重が高くなるのでより短くなる。

加重移動平均線

直近の近い価格により多くの比重をかける

指数平滑移動平均線

直近の近い価格に加速度的に多くの比重をかける

図2－42　指数平滑移動平均線（ＥＭＡ）

5EMA

25 EMA

ず収益が上がるようになるか」というようなことを探る作業です。SMA では、ある時期には当たるが、他の時期には外れるというようなことが起こります。

　EMA を使えば、過去 10 年間当て続けられたかのような最適化が行えました。何しろ、5 EMA を、3.2SMA にするか、2.7SMA にするかのような微妙な調整ができるので、過去の値動きにピッタリと沿った最適化ができたのです。でも、ただ "それだけ" でした。

　最適化した EMA の組み合わせは、次の瞬間から外れ始め、まったく役立たずだということが分かりました。未来の価格は、過去とそっくり同じようには動かなかったのです。

　所詮、未来のことは誰にも分からないのです。EMA は実際に資金運用を行わない人のお遊びに近い、現場の感覚では必要のないものだというのが、私が得た結論でした。

　図 2 − 43 で明らかなように、25 指数平滑移動平均線（25EMA）は、20 単純移動平均線（20SMA）とほぼ同じです。5 EMA を使いたい方には、3 SMA をお勧めします。

　ほぼ同じ効果でしかありませんが、完全に同じ効果でないほうが、むしろよいのです。何しろ、「同じようなこと」が未来には起こり得ても、まったく「同じこと」が起きることはないのですから。何よりも、SMA は手計算ができますから、バグがあっても困りません。また、単純なものほど、想定外のことへの対処が容易なのです。

図 2 － 43　単純移動平均線（SMA）と指数平滑移動平均線（EMA）

20 SMA

25 EMA

EMA は直近価格に比重をかけるため、

SMA より短期化される

1）概要

　WMA や EMA は、SMA を無意味に複雑化したもので、現場叩き上げのディーラーにとっては必要のないものです。その EMA 2 本を組み合わせ、両線の収斂と乖離（convergence & divergence）に注目したものが MACD（Moving Average Convergence Divergence）です。収斂とは縮まること、乖離とは離れることです（図 2 − 44）。

　MACD の売買シグナルは、短長 EMA のデッドクロス、ゴールデンクロスに加え、両線の乖離幅の 9 SMA を、各線が下抜くとき、上抜くときにも出します。実例を見たほうが分かりやすいので、図 2 − 45 を示しました。上部には比較のために単純移動平均線（SMA）を加えました。

　SMA は山越え確認、谷越え確認といった転換点見極めの参考に使える、優れたテクニカル指標だと解説しました。とはいえ、参考にするにはよいのですが、指示通りに売買すると、必ずしも効率的ではないことも述べました。

　それでも、上部の 8 SMA と 13SMA（12EMA と 26EMA に相当）の組み合わせは、それなりに機能しており、参考とするうえでは「使える」ものです。

図 2 － 44　MACD

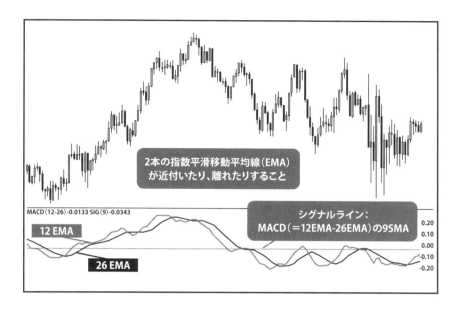

図 2 － 45　MACD と SMA のゴールデンクロスとデッドクロス

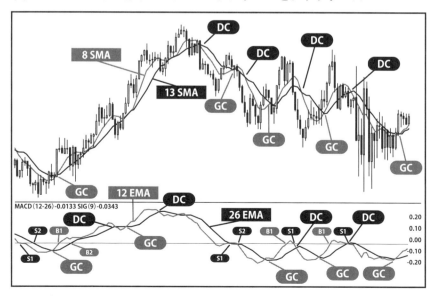

一方、MACD は移動平均線をローソク足から切り離して表示しているため、価格との関係が曖昧になります。また、売買の指示が多過ぎて、かえって使いにくくなっています。それでも、図2－45を見ると、何とか使えるとも言えます。そこで、MACD をもう一例、参照します。

　図2－46の上部はローソク足だけの、いわゆる「素のチャート」です。非常にきれいなダブルトップのチャートで、私などはこれだけで売買のイメージが描けます。この値動きを、MACD は下部のように表示しています。

　素のチャートだと動きが読みにくい人のために、ローソク足に 8 SMA と 13SMA を加えました（図2－47）。8 SMA は 12EMA に、13SMA は 26EMA に対応していますが、まったく同じではありません。

　いや、同じである必要はないのです。移動平均線自体が情報を終値だけに絞り込んだ創作物で、目に見えている線は実際に市場でついた価格ではありません。もともとが、トレンドを知りたい、トレンドの転換点を知りたいというところからきたアイデアです。参考にはなるが、なくても困らないものなのです。

２）評価

　EMA（＝ SMA を無駄に複雑化したもの）を、さらに複雑化することで生まれた MACD は、もはや簡単に手計算することができない指標と言えます。つまり、MACD の指示が間違っていても「鵜呑み」にするしかないのです。実際、参照例のように、しばしばミスリードしています。MACD はゲームを面白くするツールかもしれませんが、ビジネスとして収益を背負ってきた現場叩き上げのプロの目から見ると、「これでは使えませんね」としか言えません。

図 2 − 46　MACD と素のチャート

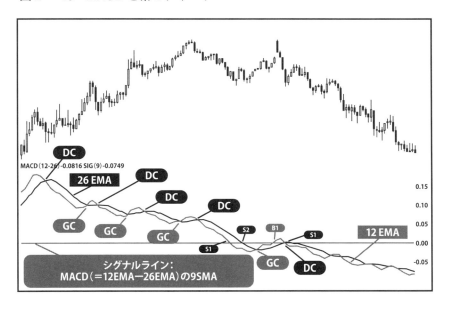

図 2 − 47　MACD と SMA のチャート

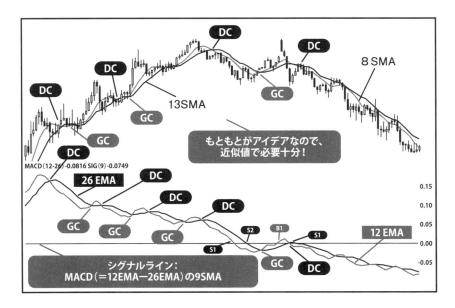

第10節
オシレーター

1）概要

　オシレーターも、価格の絶対水準とは無関係に、買われ過ぎ、売られ過ぎを示唆します。

　移動平均乖離率は25SMAをゼロとする横線で描きましたが、オシレーターは直近価格を50とする横線で描き、そこから移動平均線がどれだけ乖離しているかを見ます。また、期間中の最大値を100と0とすることで、現在の移動平均線が直近価格50から、どの程度離れているかを表示します。

　図2－48では、単純移動平均線とオシレーターを合わせて表示しました。まったく同じものが、このように、まるで違うものかのように表示されています。これも、現場のディーラーから見れば、無駄なテクニカル指標としか思えません。

　この章の「エンベロープ」の項で、終値をつないだ移動平均線がトレンドを示唆しているとすれば、トレンドからの逸脱は、投機的な売買の存在を暗示すると解説しました。また、投機的売買の行き過ぎは、必ず反対売買されるので、移動平均線からの乖離は、将来の反転を示唆するとも述べました。しかし、相場で大事なことは、いつ反転するかのタイミングです。いつか反転するかでは意味がないのです。

図 2 − 48　オシレーターと移動平均線

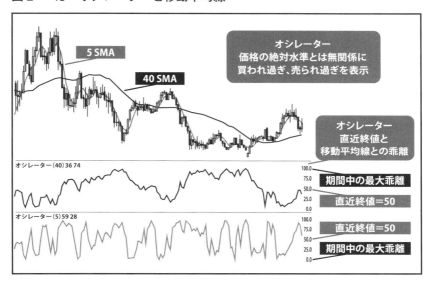

図 2 − 49　移動平均線と乖離率の転換点の見極め方

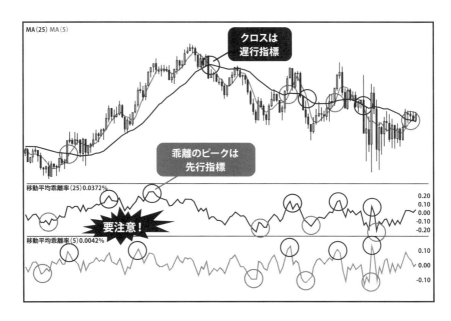

124ページで解説した移動平均線乖離率や、ここで紹介しているオシレーターは、相場を見にくくする方向へ複雑化したものなので、あまりお勧めできないのですが、移動平均線からの乖離そのものは、行き過ぎへの注意を促す程度の参考には使えると言えます。

2）評価

結論を述べると、オシレーターのように、移動平均線からの乖離に注目すること自体は、山越え＆谷越えの「先行指標」として使えると言えます。もっとも、いつか来る転換点を待って、損益につながるリスクを先に取るわけにはいきません。転換がいつか来るではなく、「もしかするとすでに転換しているのではないか」と判断することで、より安全で合理的な投資が行えるからです。その意味では、「先行指標」より「遅行指標」のほうが、谷越え＆山越えを確認する参考に使えるのです。

（コラム）
ローソク足は終値を待つべき？

（質問）

　ローソク足の情報は、寄値、高値、安値、終値という4本値だけで、上げたか、下げたか、上げて下げたか、下げて上げたかなどのザラバ状況を示唆してくれる優れたものです。ローソク足は終値を待つべきでしょうか？

（回答）

　相場は、ローソク足がなくても動いています。寄値、終値という情報も、いつを寄値、終値とするかで、変わってきます。つまり、潮の流れのように、いつ終わるともなく続いているものを、人間が一部分を勝手に切り取って、ここからが始まり、ここで終わりとしているようなものです。

　ローソク足やテクニカル指標は、一見とりとめのない価格の動きを、作者の思想をベースに、恣意的に分かりやすくしようとしたものです。決して、ローソク足やテクニカル指標が、価格に先行するものではありません。

　それが分かると、売買の判断に終値を待つことはなく、リアルに動いている今の価格が、タイミングに来ているときは、躊躇せずに行動に移すべきだと分かります。

第 11 節
RSI について

1）概要

　RSI（Relative Strength Index）の Relative とは、「相対的な」という意味なので、RSI は相対強弱指数とも言うべきものです。RSI では、観察期間中の前の足より上げた足の終値の移動平均を、前足比で下げた足の終値の移動平均で割ります。

　観察期間を通常の 14 足として、3 足上げれば、3 足分の終値を足して 3 で割ったものが分子に、残る下げた 11 足分の終値を足して、11 で割ったものが分母となります。

　図 2 − 50 では、U（Up）と表示した上げた足の数と、D（Down）と表示した下げた足が同数なので、分子分母共に 7 足分の終値を足して 7 で割った数値となります。

　RSI は移動平均をベースに使っているので、上げ下げの足数には意味を持たせず、上げ下げの値幅が意味を持ちます。そして、RSI の数値が、70 や 80 を超えると買われ過ぎ、30 や 20 を下回ると売られ過ぎとします。図 2 − 51 では 75 と 25 が、それぞれ買われ過ぎ、売られ過ぎとなっていますが、ローソク足と並べてみると、参考になる場合もあれば、ならない場合もあることが分かります。

図 2 － 50　RSI の概要

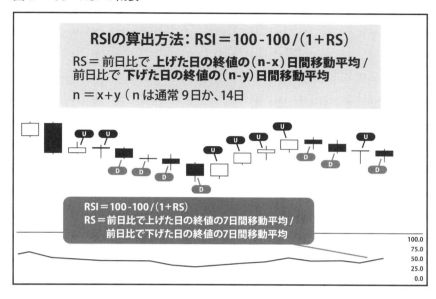

図 2 － 51　RSI の見方

2）評価

　買われた度合い、売られた度合いを比較して、相対的に強弱を見ること、そのものには異論がありません。しかし、RSIを参考にしてリスクを取ることを考えれば、実用性に乏しいテクニカル指標だと言わざるを得ません。

第12節
ストキャスティクスについて

1）概要

　ストキャスティクス（Stochastics）とは、「確率論的な」という意味です。その末尾にｓを付けてテクニカル指標の名前としていますが、ストキャスティクスは必ずしも数学的でもなく、統計学的なテクニカル指標というわけでもありません。

　通常の移動平均線は、ローソク足の４本値が持つ「寄値」「高値」「安値」「終値」のうち、終値だけを残して、他の３つを捨て去りました。日足での終値は、デイトレーダーたちがポジションをゼロにして帰った後の価格ですから、前日より上げていれば、前日からのロングポジション（買い持ち）を保有したままの人がいることを示唆します。寄値より上げていれば、今日買ったロングを持ったままの人がいることを示唆します。

　つまり、明日の値動きにつながるトレンドを知る手掛かりとして、終値だけに注目することは、間違いではないのです。

　一方、ストキャスティクスは観察期間（９足や14足）の最高値、最安値を残し、その値幅の中で、直近価格がどこにあるかを見ます。高安は、トレンドではなく、ボラティリティですから、ボラティリティを考慮に入れた移動平均線だと、言えることになります。

ストキャスティクスは通常、短期と中期を組み合わせたファースト
ストキャスティクスと、中期と長期を組み合わせたスローストキャス
ティクスを併記して見ます。一応、短中長期と述べましたが、％Ｋ、％
Ｄ、ＳＤと呼ばれる３つのラインに、それほど大きな期間の差がある
わけではありません。ひとつひとつ見ていきましょう。

　％Ｋラインは、観察期間を14足とすれば、その期間の最高値と、
最安値の値幅のどこに、直近価格が位置しているかを見ます。高値寄
りならば、「強い」とも、「買われ過ぎだ」とも解釈できます。

　％Ｄラインは、％Ｋラインの３足移動平均線です。直近価格は普通
の３SMAと同じ３足分を扱いますが、観察期間が移動しますので、
最高値、最安値が変わってくる可能性があります。図２－52では終
値が３足分移動する間、最安値は移動しても一定でしたが、最高値が
安くなりました。
　％Ｄラインは移動平均線ですから、％Ｋラインよりも、滑らかな線
になります。
　そして、％Ｋラインと％Ｄラインのファーストストキャスティクス
が、100に近づけば短期的な買われ過ぎ、０に近づけば売られ過ぎと
見なし、％Ｋラインが％Ｄラインを上抜けば、目先は上向き、下抜け
ば、目先は下向きだとします（図２－53）。

　ＳＤラインは、％Ｄラインの３足移動平均線です。図２－54に見
られるように、観察期間がさらに２足延びることになります。また、
ＳＤラインは移動平均線（％Ｄライン）の移動平均線ですから、さ
らに滑らかな線になります。
　そして、％ＤラインとＳＤラインのスローストキャスティクスが、
100に近づけば中期的な買われ過ぎ、０に近づけば売られ過ぎと見な

図2－52　短期と中期を組み合わせた（ファースト）ストキャスティクス

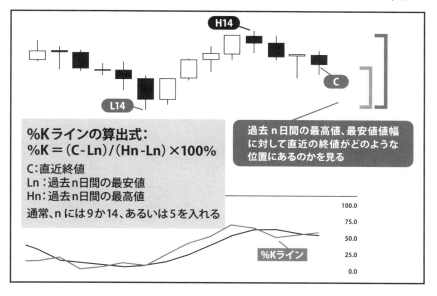

%Kラインの算出式：
%K＝（C-Ln)/(Hn-Ln)×100%

C：直近終値
Ln：過去n日間の最安値
Hn：過去n日間の最高値

通常、nには9か14、あるいは5を入れる

過去n日間の最高値、最安値値幅
に対して直近の終値がどのような
位置にあるのかを見る

%Kライン

100.0
75.0
50.0
25.0
0.0

図2－53　中期と長期を組み合わせたスローストキャスティクス

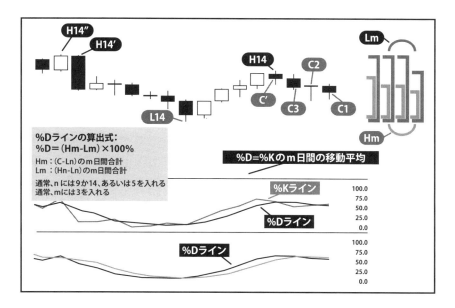

%Dラインの算出式：
%D＝（Hm-Lm)×100%

Hm：(C-Ln)のm日間合計
Lm：(Hn-Ln)のm日間合計

通常、nには9か14、あるいは5を入れる
通常、mには3を入れる

%D＝%Kのm日間の移動平均

%Kライン

%Dライン

%Dライン

100.0
75.0
50.0
25.0
0.0

100.0
75.0
50.0
25.0
0.0

図2－54　ストキャスティクス

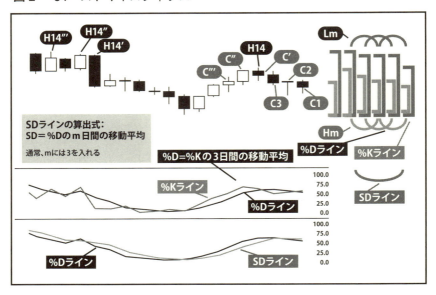

図2－55　ストキャスティクスとローソク足との比較

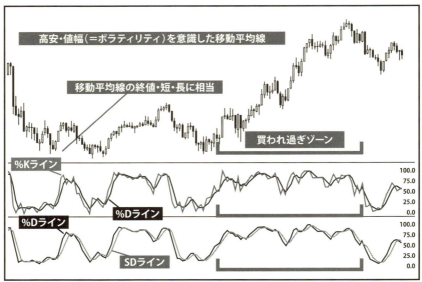

し、％ＤラインがＳＤラインを上抜けば、目先は上向き、下抜けば、目先は下向きだと見なします。つまり、移動平均線のゴールデンクロス、デッドクロスと同様の見方になります。

２）評価

どうでしょうか？ 必ずしも数学的でもなく、統計学的でもなさそうですね。ボラティリティを考慮に入れた移動平均線という面では評価したいものの、ピントが外れた方向に複雑化した印象です。私などから見れば、面倒くさいというのが本音です。

図２－55のようにローソク足と並べてみれば分かりますが、あまりにも早く買われ過ぎや売られ過ぎを出すために、トレードの参考には、あまり役立たないテクニカル指標だと言えそうです。

第13節
ボリンジャーバンドについて

1）概要

　ボリンジャーバンド（Bollinger Band）は、ボラティリティを組み入れたテクニカル指標です。標準偏差を用いますので確率論的で、ストキャスティクスよりもはるかに数学的、統計学的なテクニカル指標だと言えます。ちなみに、ボリンジャー（Bollinger）は製作者の名前です。

　ボリンジャーバンドは、20SMA をミッドバンド（もしくはミドルバンド）とし、移動平均線からの価格の乖離を、エンベロープのように包み込んだものです。エンベロープは移動平均線から単純に何パーセント離れているかを扱うものですが、ボリンジャーバンドは過去の終値をベースに、シグマ（σ）というものを用いて、確率的に売られ過ぎ、買われ過ぎを表示します（図 2 - 56）。

　ボリンジャーバンドでは、確率的に売られ過ぎ、買われ過ぎを見るのに、標準偏差を用います。標準偏差とは、「データが平均値の周辺にどのくらいの広がりや散らばりを持っているか」を表す統計量です。標準偏差が 50 に近いと平均値からのバラツキが小さく、0 や100 に近づくとほぼあり得ないバラツキとなります。

　ボリンジャーバンドでは直近の終値が、20SMA から、上下 1 シグ

図2－56　3つのシグマ（σ）を見る「ボリンジャーバンド」

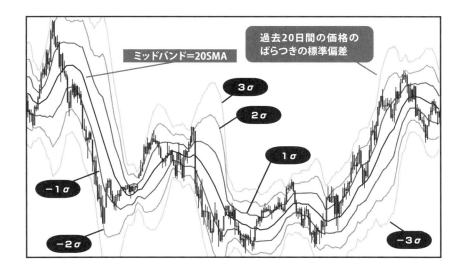

マ内に収まる確率が68.3％、上下２シグマ内に収まる確率が95.4％、上下３シグマ内に収まる確率が99.73％になっています。つまり、目の前で動いている足が３シグマを超えてきたなら、それが上髭、下髭となって、終値が３シグマ内に収まる確率が99.73％あるということになります（図２－57）。

逆に言えば、その足が３シグマの外で終わる確率は1000回に３回もないことになります。これは３シグマの上下で終わる確率を足し合わせた数値ですので、３シグマより上で終わる確率も、３シグマより下で終わる確率も2000回に３回もないのです。これが日足だとすれば、2000日÷１年の営業日約250日、８年に３回で、２～３年に１回だけ起こり得る程度の上抜け、下抜けで終える確率だとなります。とはいえ、標準偏差の両端では、あり得ないはずのことが、あり得ないほど頻発するとも言われています。確率もまた、参考でしかないのです。

ボリンジャーバンドの確率で注意を要するのは、過去20日間の値動きをベースに、当日の終値がどこにあるかの確率を述べているだけにすぎない、ということです。つまり、下げトレンドの中では、「（今日の確率では）割安だ」という理由で買ったとして、当日の終値で評価益が出ていたとしても、翌日、買ったときの割安の水準を割り込んで、さらに下げるおそれもあるのです。

このことは、ある日に価格がシグマを大きく下抜くことがあると、その日の「終値では」シグマ内に収まる確率が高いことを示唆している、つまり、下髭になる可能性が高いので買ってもよいが、その日のうちに手仕舞いしたほうがよいことを暗示しています。

２～３年利益を出しながら、その２～３年後には解散するファンド

図２－57 「ボリンジャーバンド」のシグマ（σ）の見方

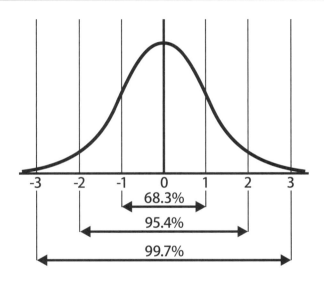

価格が波動を描くのは、買い手に対して売り手がいて、ある程度のところで買い手と売り手の力関係が変わるからだけではない。当初の買い手が売り手に、当初の売り手が買い手に変わるポイントがあるからだ。

そのポイントは市場や商品、参加者によってまちまちなのだが、正規分布の標準偏差の考え方を用いると、ある規則性が見えてくる。つまり、正規分布の標準偏差では、価格変動は、40 から 60 の間に約 68.3%、30 から 70 の間に約 95.4%、20 から 80 の間に約 99.73%、10 から 90 の間に約 99.9937%、0 から 100 の間に約 99.999953% が含まれることが知られている。

や、ディーリングチームがあります。彼らは「あり得ないほどの確率だから大丈夫だ」と盲信していたのでしょうか。私は、そういった実例をいくつか知っています。

　価格が20SMAの片側だけで一定の期間上げ下げすることは、ボリンジャーバンドに沿って価格が上げ下げしていることを意味しますので、これをバンドウォークと呼びます。バンドウォークのときは、山越え確認、谷越え確認の、転換点を見極めるトレードで、それなりの値幅が取れるチャンスとなります。

　一方、価格が20SMAを跨いで行き来することは、トレンドがない保合い相場を表していますので、山越え確認、谷越え確認をしていると後手に回ることになります。保合い相場では、前の高値、安値を手掛かりに、決め打ちするか、あるいは保合い放れを待つのがよいでしょう。

２）評価

　ボリンジャーバンドの幅が広がったところをボージと呼び、縮まったところをスクイーズと呼びます。スクイーズは値幅が縮まっていることを示しますので、近い将来の「保合い放れ」を暗示します。ボリンジャーバンドは、それなりの参考に使えるテクニカル指標だと言えそうです（図２－58）。

図 2 - 58 「ボリンジャーバンド」の見るべきポイント

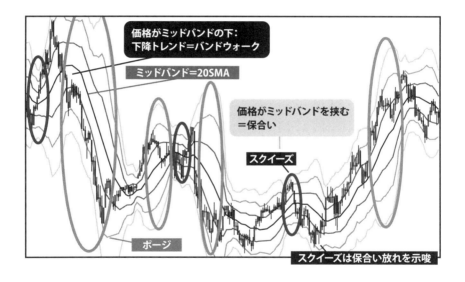

価格がミッドバンドの下:
下降トレンド＝バンドウォーク

ミッドバンド＝20SMA

価格がミッドバンドを挟む
＝保合い

スクイーズ

ポージ

スクイーズは保合い放れを示唆

第14節
パラボリックについて

1）概要

　パラボリック（Parabolic）は、トレイリング・ストップ［せっかくの利益を無にしないために設定する（利益を確定する）ストップロスオーダーのこと。215ページで後述］のアイデアをテクニカル指標としたものです。

　parabolicとは「放物線の」という意味です。トレイリング・ストップのポイントを示すストップ＆リバース（Stop And Reverse、通称SAR）のポイントが、放物線のように見えるからです。ストップ＆リバースとは、ポジションを手仕舞った後は、反対方向にポジションを持てということです。つまり、SARとは、ドテン売買のポイントなのです。したがって、パラボリックは別名、SARとも呼ばれます。

　図2－59では、価格がSARの上にある間は買い持ちを維持し、SARを下抜けた時点で、ドテン売買で売り持ちに変えることを表しています。そして、価格がSARの下にある間は売り持ちを維持し、SARを上抜けた時点で、ドテン売買で買い持ちに変えるのです。ドテン売買ですから、常に、ポジションを維持した状態です。SARは、その意味で、山越え確認、谷越え確認の転換点を意味します。

　図2－59を見ると、高値、安値の更新がない間はSARがなだら

図 2 － 59 「パラボリック」の見るべきポイント

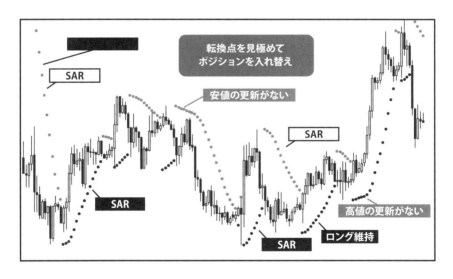

かに上昇、低下するのに対し、高値、安値が更新されると、急速に上昇、低下していることに気づくと思います。これはトレイリング・ストップを、価格の上昇、下落につれて追いかけさせていないと、価格が反転したときに、効果的に利益を確定させることができないためです。

　価格が大きく上昇しているのに、いつまでも安いところに SAR があると、効果的なトレイリング・ストップだとは言えません。

　一方で、価格を間近に追いかけすぎると、少しのブレでも SAR に届いてしまいます。このとき、SAR の指示通りにドテン売買で売り持ちにしていると、価格が再度上昇し始めた場合、損失が膨らんでしまうのです。つまるところは、この角度の調整がパラボリック利用のキモだと言えるのです。

　パラボリックでは、加速因数、「AF（Acceleration Factor）」の数値を変えることで、価格を追いかけるスピードを調整します。この数値を小さくすると、価格を追いかけるスピードが遅くなり、大きくすると、価格を追いかけるスピードが早くなります。SAR の角度が緩やかになったり、急になったりするのです。

　実例を見てみましょう。まずは、デフォルト設定となっている AF の初期値 0.02 では、図 2 − 60 の上図のようになりました。SAR は常に価格の外側に描かれますので、一見すると全戦全勝に見えますが、実際には SAR の上抜け、下抜けポイントでポジションを入れ替えますので、SAR の矢印が指したところでの売買となります。

　ロングを黒枠、ショートを白枠で表しました。そのポジションが利益に繋がったもの、損失に繋がったものを区別するために、損失が出たものについては、灰色（ロング）と薄い白色（ショート）で表しました（158 ページの下部参照）。結果は 6 勝 8 敗でした。

【パラボリックの考え方と算出式】

～～考え方～～

ポジションの評価益が膨らむにつれてストップのレベルをトレイル（後追い）させ、利益を追求しながらも逆にいったときのある程度の利益を確定させるストップオーダー。そのような、「ここを抜けたら、逆方向に大きそうだ」というストップレベルを表示してくれるのがパラボリック。

価格がパラボリック（ＳＡＲ＝ドテン・ライン）の上にいる間はロングポジションを維持し、価格がパラボリックの下にいる間はショートポジションを維持。

パラボリックは放物運動という意味。AF を大きくすると、ＳＡＲは価格の動きに近づくので、少しのゆらぎでもＳＡＲが発動されダマシが多くなる。小さくすると価格から離れたよりなだらかな線となりダマシを減らすことができる一方で、タイミングが遅れてしまう。

～～ＳＡＲ (Stop And Reverse) の算出式～～

SAR ＝前日の SAR ＋ AF ×（EP － 前日の SAR）

AF（Acceleration Factor）：加速因数　0.02 ≦ AF ≦ 0.2
EP（Extreme Point）：価格が SAR の上にいる間は直近の最高値
　　　　　　　　　　　価格が SAR の下にいる間は直近の最安値

AF の初期値は通常 0.02。価格が SAR の上にいる間は、終値がそれまでの高値を更新するたびに、0.02 ずつ加算される。上限は 0.2。
一方、価格が SAR の下にいる間は、終値がそれまでの安値を更新するたびに、同じように 0.02 ずつ、0.2 まで加算される。

図2－60 「パラボリック」の見るべきポイント

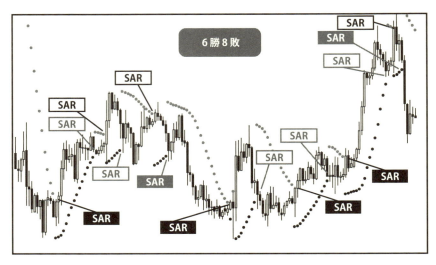

6勝8敗

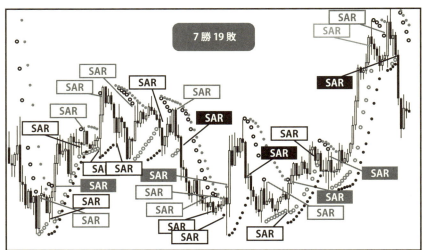

7勝19敗

【図2－60の見方】

SAR 利益の出たロング　　SAR 損失の出たロング

SAR 利益の出たショート　SAR 損失の出たショート

図2－60の下図では、AFを0.04とし、価格を追いかけるスピードを加速させました。0.02と比較するために、AF = 0.02のSARは黒色のドットのままで表示し、AF = 0.04はグレーのドットで表示しました。

　また、図2－60の上図と同様、そのポジションが利益に繋がったもの、損失に繋がったものを区別するために、利益が出たもののと損失が出たものを色分けしました。結果は7勝19敗で、とても使えるものではないと分かりました。

２）評価

　最適化を行えば、もっと勝率が上がるAFを見つけることは可能です。とはいえ、そのAFが将来の価格にも適用できるかは分かりません。むしろ、過去の価格に合わせた過度の最適化は、将来の価格には役立たないことが多いのです。

　パラボリックが教えてくれるのは、トレイリング・ストップは有効であるということ、とはいえ、どこにストップを置くかについては、必ずしも簡単ではないこと、ドテン売買には注意が必要だというようなことです。それが分かれば、パラボリックは使わずに卒業してもよいでしょう。

第15節
一目均衡表について

1）概要

　長年現場で売買してきたディーラーの視点から見ると、移動平均乖離率やオシレーター、MACD、RSI、ストキャスティクスといったオシレーター系のテクニカル指標はあまり参考になりません。なぜなら、ディーラーが求めているものを提供しないからです。オシレーター系のテクニカル指標は、買われ過ぎ、売られ過ぎ状態を提供することで、いつか反転することを示唆するにすぎません。

　ところが、こういったことは、実際にポジションを取っているディーラーたちが常に自分に問いかけていることで、その「いつか」が分かれば苦労はないのです。つまり、分かり切ったことしか提供しないオシレーター系のテクニカル指標は、ほとんど役に立たないのです。

　一方、ここで紹介する一目均衡表は、ディーラーがこだわる高値、安値に注目したテクニカル指標です。一目均衡表の５つの線のうち、遅行線を除く４線は半値線です。基準線、転換線、先行スパンＢの３線は高値、安値の半値線、先行スパンＡは基準線と転換線の半値線です。高値安値の半値もまた、ディーラーたちが経験上、気に留めているところです。

　ひとつだけ性質の違う遅行線は、ローソク足の終値を、そのまま過

図 2 − 61 　「一目均衡表」の見るべきポイント

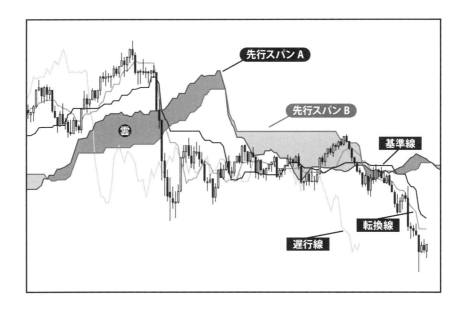

先行スパン A

先行スパン B

基準線

雲

転換線

遅行線

去に平行移動させたものです。ひとつひとつ解説していきます。

図2－61の中で最も重要とされる線は「基準線」です。これは、過去26足間の高値と安値の半値線です。

トレンドの転換を示唆する線が「転換線」で、過去9足間の高値と安値の「半値線」です。

「遅行線」は、直近価格（終値）を26足分左に、すなわちローソク足の終値だけを過去に平行移動させた線です。先行スパンAは、基準線と転換線の半値を26足先、すなわち未来に描いた線です。

先行スパンBは、過去52足間の高値と安値の半値を26足先、すなわち未来に描いた線です。

そして、先行スパンAと、先行スパンBに挟まれたゾーンは、通常「雲」と呼ばれています。

ここで比較のために、モメンタムを取り上げます。モメンタムは、直近価格を25足前の終値と比較します。そして、25足前の終値を基準として、直近価格が高いか安いかを見ます。高ければ強気、安ければ弱気となります。

図2－62を見てみましょう。直近価格は25足前の価格より安く、売られてきたのが分かります。とはいえ、下落途中であった25足前に比べ、直近価格はほぼ横ばいですから、モメンタムはマイナスゾーンながら上向きになっています。

ここでモメンタムを取り上げた理由は、一目均衡表の遅行線はモメンタムだからです。

遅行線は、直近価格（終値）を26足分左に、ローソク足の終値だけを過去に平行移動させた線です（図2－63）。このとき、遅行線は直近価格を1足として数えます。したがって、26足分は25足前となります。つまり、遅行線は25足モメンタムと考えていいのです。直

図2-62　モメンタムとの比較

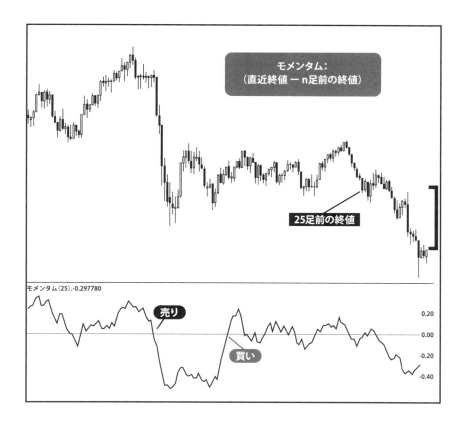

近価格を１足として数えるのは他の４線も同じです。これらは移動半値線ですから、常に直近価格を加えながら、昔の価格をひとつ落としていくからです。

　遅行線はローソク足と共に描かれますので、遅行線がある位置のローソク足と比較することで、強いか弱いかが分かります。つまり、直近価格を示す遅行線が過去のローソク足の下にあれば、売られてきた証ですので、弱気。直近価格を示す遅行線が過去のローソク足の上にあれば、買われてきたことを表しますので、強気です。

　基準線は、過去26足間の高値と安値の半値線です（図２－64）。このとき、一目均衡表では直近価格から26足間を数えなくてもいいのです。遅行線の位置がそれを教えてくれるからです。つまり、遅行線と直近価格との間の高値と安値の半値が、直近の基準線です。

　26足間を中期ととらえると、基準線は、中期高安レンジの移動半値戻し線となります。プロのディーラーたちも半値戻しという表現を使いますが、その場合、どの高値、どの安値だと特定しておかないと、半値も決まりません。個々のディーラーが、それぞれに自分が重要だと見なす高値、安値を念頭に置いていたならば、その半値は主観的なものとなります。

　この点、基準線が想定している高値、安値は「過去26足間についたもの」と特定されています。このことは、直近価格が移動するにつれて、高安も移動し、半値である基準線の位置も移動することを意味しています。

　基準線は半値戻し線ですから、価格の下にあれば支持線の役割を、価格の上にあれば抵抗線の役割を果たします。

　転換線は、過去９足間の高値と安値の半値線です（図２－65）。９

図2 - 63 一目均衡表と遅行線

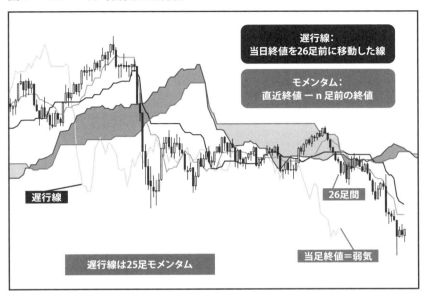

遅行線:
当日終値を26足前に移動した線

モメンタム:
直近終値 ー n 足前の終値

遅行線

26足間

遅行線は25足モメンタム

当足終値＝弱気

図2 - 64 一目均衡表と基準線

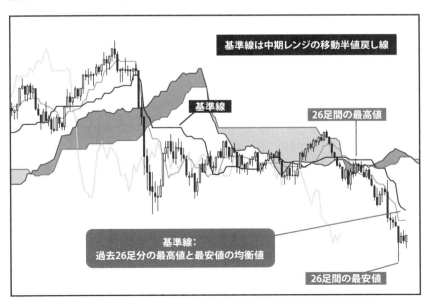

基準線は中期レンジの移動半値戻し線

基準線

26足間の最高値

基準線:
過去26足分の最高値と最安値の均衡値

26足間の最安値

足間を短期ととらえると、転換線は、短期高安レンジの移動半値戻し線となります。また、転換線は半値戻し線ですから、価格の下にあれば支持線の役割を、価格の上にあれば抵抗線の役割を果たします。

移動平均線では、短期線が中長期線をクロスして上抜けることをゴールデンクロス、短期線が中長期線をクロスして下抜けることをデッドクロスと呼び、それぞれ、買いのシグナル、売りのシグナルとしました。

一目均衡表でも同様のシグナルがあります。短期線である転換線が、中期線である基準線を上抜くことを「均衡表の好転」と呼び、買いシグナル。反対に、転換線が基準線を下抜くことを「均衡表の逆転」と呼び、売りシグナルとしています。

それでは、均衡線と移動平均線を並べて比較してみましょう（図2－66）。基準線は26足、転換線は9足と決まっていますので、移動平均線も同様に26足と9足を入れてみます。

意外というか、想定内というか、同期間の高安レンジの移動半値戻し線と、終値の移動平均線を比較してみると、よく似た動きになっていることが分かります。顕著に違う部分は、均衡線には横ばいの期間があることです。そして、扱う期間の長い基準線のほうが、転換線よりも、その傾向（横ばいになる傾向）が強いことです。一方の移動平均線は常に滑らかです。

比較してよく分かるのは、均衡線は高値、安値が変わらないと横ばいになることです。高安の半値ですから、当然ですね。つまり、均衡線が動くときは、上抜けや下抜けがあったとき、あるいは、それまでの高値や安値が、一目均衡表が重要と見なしていた期間（9足、26足、52足）から外れたときなのです。

基準線や転換線は、横ばいでいるときにも、上向き、下向きになっ

図2-65 一目均衡表と転換線

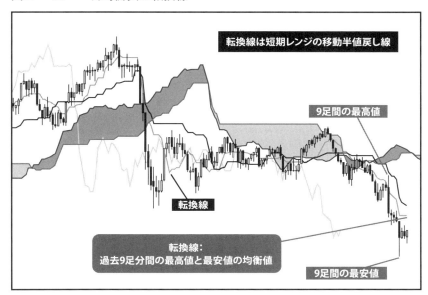

転換線は短期レンジの移動半値戻し線

9足間の最高値

転換線

転換線:
過去9足分間の最高値と最安値の均衡値

9足間の最安値

図2-66 均衡線と移動平均線の比較

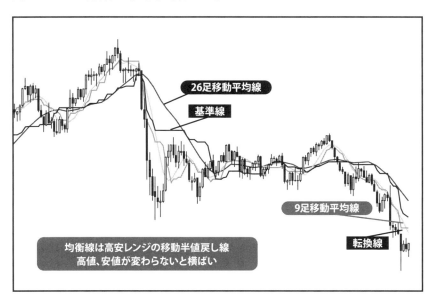

26足移動平均線

基準線

9足移動平均線

転換線

均衡線は高安レンジの移動半値戻し線
高値、安値が変わらないと横ばい

たときにも、相場に起きた変化を伝えてくれるのです。

　先行スパンは未来に線を描きます。未来の目標価格的なものを提示するテクニカル指標は他にもあります。本書では触れませんがガンチャートや、エリオット波動などもそうです。また、トレンドラインや三角保合いでも、未来にまでラインを延ばして引きます。

　先行スパンＢは、52足間の高値、安値の半値ですから、長期高安レンジの移動半値戻し線とでも呼べるものです。そのとき、直近の半値戻し線を26足先に描くのです。先行スパンＢも半値戻し線ですから、価格の下にあれば支持線の役割を、価格の上にあれば抵抗線の役割を果たします（図2 - 67）。

　遅行線は26足、基準線も26足、先行スパンＢは26×2＝52足で、描くのは26足先です。一目均衡表が、いかに「26」という数字に重きを置いているかが分かります。

　また、26足の半値の基準線を直近価格の位置に、52足の半値の先行スパンＢを26足先に描くことで、2つの線が1本に重なることを避け、同時に半値戻しに至る時間の概念を加えています。また、直近価格の位置に見えている先行スパンは、26足前のものですから、この26足の間に起きた変化が一目瞭然となるなど、一目均衡表の作者の極めて合理的な思考を感じさせてくれます。

　先行スパンＡは、基準線と転換線の半値を26足先、すなわち未来に描いた線です（図2 - 68）。このことは、直近価格の位置に見えている先行スパンは、26足前のものであることを意味します。先行スパンＡも半値戻し線ですから、価格の下にあれば支持線の役割を、価格の上にあれば抵抗線の役割を果たします。

　基準線は26足間の高安レンジの半値、転換線は9足間の高安レン

図 2 - 67　一目均衡表と先行スパン B

先行スパンBは長期レンジの移動半値戻し線

先行スパン B

52足間の最高値

26足前の先行スパン B

52足間の最安値

52足

26＋26足

雲

先行スパンB：過去52足分の最高値と
最安値の均衡値を26足先に記入した線

図 2 - 68　一目均衡表と先行スパン A

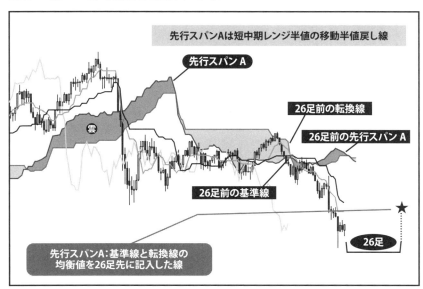

先行スパンAは短中期レンジ半値の移動半値戻し線

先行スパン A

26足前の転換線

26足前の先行スパン A

26足前の基準線

26足

雲

先行スパンA：基準線と転換線の
均衡値を26足先に記入した線

ジの半値ですから、その半値である先行スパンＡは、短中期レンジの
ど真ん中です。つまり、直近価格の位置にある先行スパンＡは、25
足モメンタムに近似、遅行線に近似の役割を持つと言えます。違うと
ころは、先行スパンＡがレンジの半値であるのに対し、モメンタムや
遅行線は終値であるところです。

　先行スパンＡを26足先に描いたことで、直近価格の位置にある先
行スパンＡに、25足モメンタムに近似、遅行線に近似の役割を持たせ、
また、先行スパンＢと組み合わせることで、「雲」なるユニークな支持・
抵抗帯を作ることができました。

　ところで、先行スパンＡと先行スパンＢの見分け方が分かります
か？　先行スパンＢは長期高安レンジの移動半値戻し線ですので、横
ばい期間の長いほうの線が先行スパンＢとなります。

２）評価

　一目均衡表は、私好みのテクニカル指標です。理由は、高値、安値、
半値と、現場のディーラーが常に注目しているデータを基にしている
こと、そして、どこまでも合理性にこだわっているところです。テク
ニカル指標の中には「この作者、本当に相場を知っているの？」とさ
え思える的外れなものも多いのですが、一目均衡表の作者は、相場を
熟知していると断定できます。実際の運用者にしかない発想で固めて
いるからです。その意味では、一目均衡表を勉強することは、相場を
知ることにつながると言えます。

　もっとも、私は一目均衡表を使いません。それなりに説得力のある
図を見せられると、最も大事で、唯一の生データであるローソク足の
存在がかすんでしまうからです。さらには、示唆や指示が多すぎて、
判断に迷いや遅れが生じてしまうからです。

【一目均衡表の意味】

（1）短・中期線の交差

転換線（短期間の均衡値）が基準線（中期間の均衡値）を上回れば買い。下回れば売り。

（2）基準線の向き

基準線が上向けば買い。下向けば売り。

（3）価格と雲の位置関係、交差

価格が雲を上抜けすれば買い。下抜けすれば売り。すなわち、価格が雲より下にいる間、雲は上値抵抗帯となり、価格が雲より上にいれば、雲は下値支持帯となる。

雲が厚ければ抵抗（支持）力が強く、薄ければ抵抗（支持）力が弱い。2つの先行スパンが交差するところは「変化日」と考え、相場の節目になりやすいとされている。

（4）価格と遅行線の位置関係

遅行線がそこにある足（26足前）の価格を上回っていれば強気。下回っていれば弱気と見なす。

<u>一目均衡表のすべての線は抵抗線であり支持線。トレンドがあるときは、押し目、戻りの限界点を示す。もみあい相場のときは、もみあいの中心を示す。すべての線のクロスに意味がある。</u>

【一目均衡表の代表的3つのシグナル】

◆買いシグナル

均衡表の好転：転換線が基準線を上抜く
遅行スパンの好転：遅行スパンがローソク足を上抜く
雲の上抜け：ローソク足が雲（抵抗帯）を上抜ける
※3つ揃って三役好転と呼ぶ

◆売りシグナル

均衡表の逆転：転換線が基準線を下抜く
遅行スパンの逆転：遅行スパンがローソク足を下抜く
雲の下抜け＝ローソク足が雲（支持帯）を下抜ける
※3つ揃って三役逆転と呼ぶ

（コラム）
順張りと逆張りのどちらがいい？

（質問）

　投資には、順張りと逆張りがあります。果たして、どちらがいいのでしょうか？

（回答）

　投資の基本は、割安を買い、割高を売ることです。また、山越え確認で売り、谷越え確認で買うことは、買われたところを売り、売られたところを買うことです。その意味では、どちらも「逆張り」となります。

　とはいえ、山越え確認とは、山頂を越えて、下りかけたところを売ることです。谷越え確認とは、谷底を抜け、上りに入るところで買うことです。つまり、山頂や谷底から見れば、「順張り」です。同じ行為が逆張りにも見え、順張りにも見えます。

　第1章でも紹介したフラクタルの図を例に解説しましょう。

　5月のところを見ると、2営業日目に下髭が出て、谷越えして上げ始めました。ここで買うのは、月足では逆張りですが、日足ではほどなく順張りとなります。例えば、5月半ばで買うと、月初から見ればそれなりに上げていて、順張りなのです。とはいえ、2月から見れば、逆張りですよね。同じ行為が、順張りであり、見方の違いだけで、同時に逆張りと

いうわけです。

　相場はどこまで上げるか分からない、どこまで下げるか分かりません。このことは、純粋な逆張りは絶対にしてはいけないことを示しています。

　一方で、順張りの最後は高値掴み、底値売りになります。決して浮かばれません。

　となれば、大きな逆張りの中で、小さな順張りを見つけることが相場の極意だとなります。これが、山越え確認で売り、谷越え確認で買うことなのです。

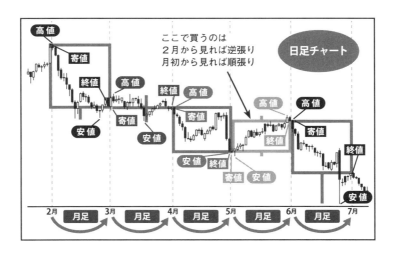

第3章

転換点の見極めに
役立つテクニカル

第1節
転換点の見極めに役立つ道具とは

　相場は、波動の山で売り、谷で買えば、絶対に儲かるものだと、解説してきました。それが疑いのない事実ならば、山越え確認、谷越え確認といった転換点を見極めることが、最も効率的な運用につながることになります。

　転換点見極めの精度を高めるには、頭で理解するだけでは不十分で、実際に数多く売買するなかで「会得」する必要があります。職人技とまではいかないまでも、繰り返し続けることで上達するのです。

　身近に指導者がいない人でも、本書のような座学だけでなく、実際に動く相場で転換点見極めの手掛かりになるものはないでしょうか？

　私はテクニカル指標を、自転車の補助輪に例えています。自転車の補助輪は、自転車を乗りこなせる人たちには邪魔物でしかないのですが、まだバランスを取れない人が、ひとりで練習するには有用なのです。第2章で紹介したテクニカル指標の中から、そういったものを、いくつか紹介します。もっとも、テクニカル指標は参考とすべきもので、それに頼ったり、その指示に従ったりするものではないことについては、再度、繰り返しておきます。

　では、図3−1の素のチャートに見られる「山」や「谷」からの展開について、「テクニカル指標を使ったときにはどう見えるか」を検証してみましょう。

図3－1　素のチャート

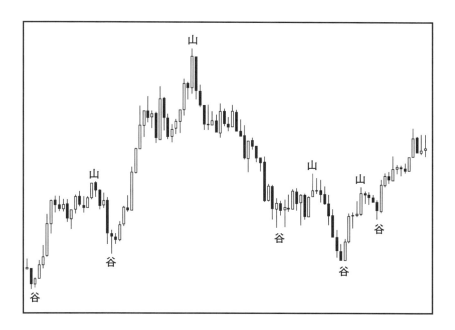

1) 一目均衡表

第2章では、「一目均衡表は私の好みのテクニカル指標だ」と書いたと同時に、私自身は使わないと述べました。その理由は、非常に合理的な指標なので相場の理解には役立つのですが、必ずしも実用的だとは言えないからです。つまり、一目均衡表は5本の線を組み合わせますので、多くの場合、すべての方向が一致するとは限らず、判断に迷いが生じやすいのです。また、このことは迷いがなくなったときには、しばしばエントリーが出遅れることも示唆しています。

それでも、好みだと述べたのは、相場は見方によってしばしば方向が違い、迷って当然だからなのです。分かったような気になるのでなく、分からないなりに判断し、試行錯誤で売買するのが相場です。何やら、禅問答のようですね。

では、簡単な見方だけに絞り込みましょう。

【一目均衡表での転換点を示すサイン例】

◎転換線と基準線のクロス

第2章で述べましたように、転換線が基準線を上抜ける好転は、移動平均線のゴールデンクロスに、転換線が基準線を下抜ける逆転は、デッドクロスに対応します。ゴールデンクロス、デッドクロスの詳細は後述します。転換線は文字通り、波動の転換点の見極めに役立つのです。

図3-2のチャートの左側の円内は、均衡表の逆転が大きな下抜けに繋がりました。

◎遅行線を除く4線の収斂（一緒に集まること）

相場では高く売って安く買う、安く買って高く売ることで収益が出ます。このことは、あまり動かない保合い相場では、思ったような収

益を出すことが困難なことを意味します。そんな相場で果敢に攻め続けると、売っては反騰し、買っては反落と、小さいながらも損失が積み上がることになります。休むも相場と言うように、保合い相場は、できれば避けたほうが無難なのです。

　一目均衡表の均衡線の横ばいは、保合い相場を示唆します。ここで、遅行線を除く4線の収斂は、相当期間にわたる高値切り下げ、安値切り上げといった煮詰まり感を表すところから、近い将来の保合い放れを示唆してくれるのです。

　図3－2のチャートの右側の円内は、いったんの上抜けはダマシで、4線の収斂後の下抜けが、保合い放れの急落に繋がりました。

図3－2　転換点の見極めに一目均衡表を使う

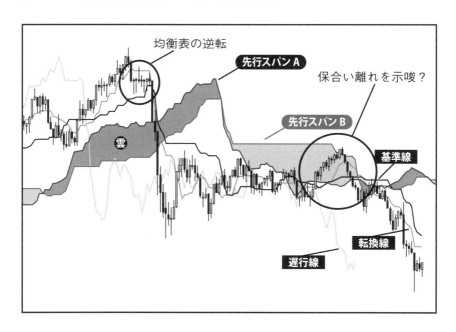

２）ボリンジャーバンド

　ボリンジャーバンドは、相場の行き過ぎを確率論的に示唆するだけでなく、シグマラインのスクイーズは近い将来の保合い放れを、バンドウォークはトレンドの継続を示唆します。ここで、ローソク足とミッドバンドのクロスを意識することで、転換点見極めの参考に使えると言えます。

【ボリンジャーバンドでの転換点を示すサイン例】
◎ローソク足とミッドバンドのクロス
　バンドウォークとは、上昇トレンド時にはローソク足がミッドバンドの上のシグマラインに沿って、下落トレンド時には、ローソク足がミッドバンドの下のシグマラインに沿って動くことを言います。このことは、バンドウォーク後のローソク足のミッドバンド下抜けは、上昇トレンドから下降トレンドへの転換を示唆し、ローソク足のミッドバンド上抜けは、下降トレンドから上昇トレンドへの転換を示唆します。同時に、ローソク足がミッドバンドを挟んで動くことは、保合い相場を示唆します。

　図３－３の左側の円内は、上昇トレンドのバンドウォークが、ローソク足のミッドバンドを下抜けてからの挟んで動く保合い相場を経て、下降トレンドのバンドウォークへの移行を見せています。

　また、右側の円内は、ローソク足がミッドバンドを挟んで動く保合い相場がスクイーズを経て、保合い放れになるのが見られます。ここでは、いったんの上昇トレンド入りはダマシで、その後、ローソク足がミッドバンドを下抜けることにより、下降トレンドのバンドウォークへの移行となりました。

　一方、ボリンジャーバンドの確率で注意を要するのは、ボリンジャー

バンドが当日の終値での確率を述べているだけで、翌日には翌日の20SMA を基準にすることです。つまり、下げトレンドの中で確率を信じて買い、当日の終値では評価益が出ていても、翌日にトレンドに沿って価格もシグマも水準を下げると、損失を出すことにもなるのです。

図３−３　転換点の見極めにボリンジャーバンドを使う

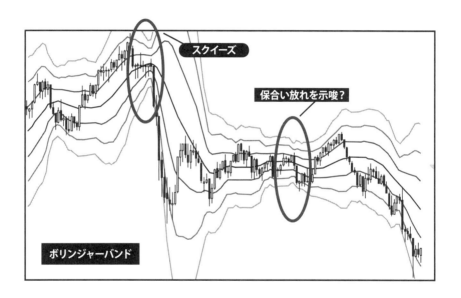

3）移動平均線

　移動平均線はデッドクロス、ゴールデンクロスが山越え、谷越えを示唆するだけでなく、移動平均線自体が抵抗線や支持線になるところから、山越えを確認する、谷越えを確認するうえで最も参考になります（図3−4）。移動平均線については、効率が良いことに加え、「誰にでも使いやすい」という利点がありますので、あとで詳しく解説します。

4）トレンドライン、チャートパターン、酒田五法

　すでに解説してきたように、トレンドライン、チャートパターン、酒田五法も、転換点を見極めるには大いに役立ちます。

　図3−5を例に挙げます。左側の円内は、それなりの期間上昇してきた後に出た長い上髭で、おまけに陰線です。これは、酒田五法などでも売り足とされ、上値をつけた暗示となります。直後に来るのがライジングウェッジの下抜けで、山越え確認の参考にします。押し目の底がダブルボトム、トリプルボトムとなっていたところを下抜け、大きな下げとなりました。

　真ん中の円内は、長い下髭で、下値をつけた暗示となります。その後、ダブルボトムとなり、省略しましたがフォーリングウェッジの上抜けとなって、谷越え確認の参考となりました。

　右側の円内は、いったんの高値更新がダマシで、高値更新の陰線が酒田五法でいう「被せの陰線」となり、上値をつけた暗示となりました。直後にライジングウェッジを下抜け、大きな下げとなりました。

　さて、ここに挙げた4つのチャート（一目均衡表・ボリンジャーバンド・移動平均線・トレンドライン等）では、どれもが似通った場所

図3-4　転換点の見極めに移動平均線を使う

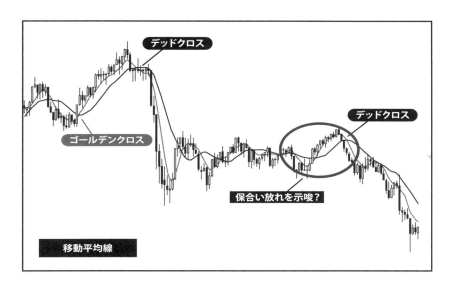

図3-5　転換点の見極めにトレンドライン＋チャートパターンを使う

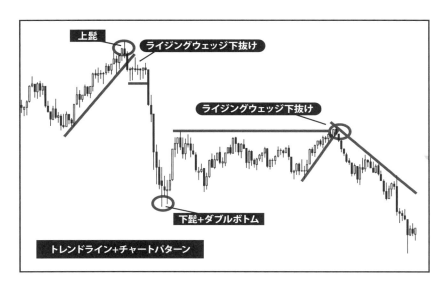

に円や、クロスが描かれていたことに気づかれましたか？　これらは
いずれも転換点ですから、これらのテクニカル指標は、転換点見極め
の参考に使えたことが分かります。

　とはいえ、ここで紹介したすべてのテクニカル指標をローソク足と
ともに表示し、転換点見極めの参考にしようとしても、かえって混乱
し、売買の判断が遅れます。つまり、タイミングを逃してしまう可能
性を高めてしまうのです。
　前述のような、よくできたテクニカル指標は、つまるところ、同じ
ようなことを違う観点から表示しているにすぎません。そのエッセン
スさえ分かれば、テクニカル指標は卒業です。

　<u>最終的な目標は、素のチャート、つまり補助輪を外した自転車で転
換点を探ることができるようになること</u>です。補助輪（テクニカル指
標）を外した当初は戸惑うかもしれませんが、繰り返して練習するこ
とで、テクニカル指標に頼らず、指示に従うことなく、独り立ちする
レベルまで、いずれ到達してほしいところです。素のチャートについ
ては、第5章で詳しく解説します。

第2節
移動平均線を使えば、
誰にでも「転換点」が見極められる

1）移動平均線はシンプルなテクニカル指標

　素のチャートの山谷の見極めが難しいのは、上げ下げが多過ぎて、惑わされるためです。その上げ下げの傾向を知るうえで便利なものが移動平均線です。

　移動平均線には、発想自体がシンプルであることや、谷越え＆山越えを考えるにあたって効率が良いことに加え、「誰が使っても同じ線が引ける」という特徴もあります。それ故に、誰にとっても使いやすいという大きな利点が生まれます。

　前節で、転換点の見極め、つまり、谷越え＆山越え確認に使える道具（注：チャートパターン等を含むテクニカル指標）を6つ挙げましたが、その中でも、移動平均線が一番使いやすいと考えています。そこで、本節では、移動平均線について、少し掘り下げた解説をします。なお、ここで扱う移動平均線はすべて単純移動平均線（SMA：Simple Moving Average）です。

　まずは、素のチャートに移動平均線を1本だけ入れてみます。13SMA です。13SMA とは、ローソク足の終値を、直近を含めて遡って13本分だけ足し、13で割った平均です。時間が経過し新しい直近足の終値が加わると、14本前の終値を省くことで常に13本分

を維持します（図3-6参照）。したがって、13SMA（Simple＝単純、Moving＝移動、Average＝平均）と呼びます。週足ならば13週移動平均線、日足ならば13日移動平均線です。英語では Moving Average と言います。移動平均は直訳ですね。

さて、山谷の数が一気に減り、傾向が見やすくなりました。このうねりを波動と呼びます。私は、この波動を取りにいくのが、最も効率的な運用だと考えています。もっと細かく取りにいってもいいのですが、その分、難しくなりますので、入門編として、この波動を取りにいきましょう。

入門編だからと侮らないことです。プロでも大半がこの発想を持たないので、いつまで経っても投資運用がうまくならないのです。2016年などは第4四半期に入るまで、世界で数多くのヘッジファンドが損失を出していました。プロも一緒に学びましょう。私は、もう皆さんのライバルではありませんから、素直になった人が勝ちです。

移動平均線1本だけでは、波動が見えても、どう使うかは分かりませんね。そこで、ここにもう1本、5SMA を加えてみます。①の線が5SMA、②の線が13SMA です（図3-7）。

このとき、5SMA を短期線、2本だけの場合は13SMA を長期線と呼びます。5SMA は、直近から終値5本分を足して5で割りますので、より価格に沿った線となります。つまり、短期線は短期の価格動向を、長期線はより長期な価格動向を示すというわけです。

図3-7のチャートでは、時々、2本の線がクロスしているのが見えると思います。これは、短期と、それよりも長期の価格動向の変化を示唆します。

短期線が長期線を下抜くのは、これまで上げてきたものが下げに転じた暗示です。短期線はより直近の動向を反映するからです。これをデッドクロスと呼びます。英語では Death Cross です。

図3-6 13本足移動平均線を入れる

図3-7 5本足移動平均線を追加する

反対に、短期線が長期線を上抜くのは、これまで下げてきたものが、上げに転じた暗示です。これをゴールデンクロスと呼びます。英語では Golden Cross です。移動平均線は株式市場から来ましたので、上げのほうを好意的な表現とし、下げのほうは悪意のある表現としているのですね。株式が上がれば、売り手の発行企業も買い手の投資家も、ともにハッピーだからです（図3－8）。

　デッドクロスは価格動向が下げに転じた暗示ですから、売れば儲かることを暗示します。一方のゴールデンクロスは価格動向が上げに転じた暗示ですから、買えば儲かることを暗示します。そこで、デッドクロスの売りを黒い矢印で、ゴールデンクロスの買いをグレーの矢印で表示してみましょう。

　見ると分かるように移動平均線ではクロスが交互に来ます。売り買いの示唆が交互に来るのですから、指示通りに使えば、売り買いドテン（1単位の売り持ちでゴールデンクロスが来れば、1単位決済＋2単位購入＝1単位の買い持ちとなる）を繰り返すことになります。

　ポジションを入れ替えるために、保有ポジションの倍額を売買することから、このことを外為市場では「倍返し」と呼んできました。これに、仕返しの意味はありません。

　このチャートでは一見して儲けられることが分かります。このチャートで見られる範囲ですと、黒矢印の売りで取れる部分より、灰色矢印の買いで取れる部分のほうが大きいですが、右端以降は分かりません。

　初心者に移動平均線を勧めるのは、売り買いが交互に来るからです。どういうことかというと、リスク管理がセットになっているのです。図3－8のチャートでは、基本的に買いで儲けてきましたが、ここから下げても大丈夫です。大丈夫どころか、最後のデッドクロスで売り持ちにしていますので、今度は売りで儲けることができます。では、上げればどうなるのでしょう？　ほどなくゴールデンクロスが出ますので、それが損切りのタイミングとなります。

図3−8　デッドクロスの売りとゴールデンクロスの買い

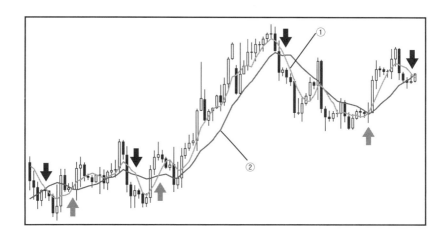

図3−9　素のチャート（再掲）

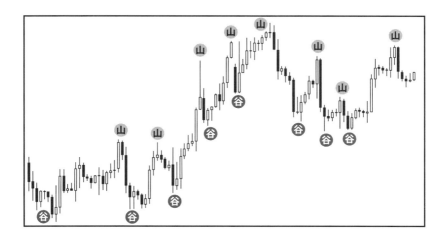

さて、当初の、山谷のチャートと見比べてみましょう（図3－9）。

移動平均線のデッドクロス、ゴールデンクロスは、小さな山谷を無視し、それなりに大きな山頂、谷底が過ぎた後に出てくることが分かります。つまり、波動の山越え確認、谷越え確認に使えるのです。

上げている途中では、どこが山頂になるかは分かりません。下げている途中には、どこが谷底になるか分かりません。価格が転換して、しばらくして、つまり短期の価格動向を表す線が、より長期な価格動向を表す線とクロスして初めて、転換点であったと分かります。移動平均線は転換点見極めの参考として使えるのです。

例として挙げた5SMAと13SMAの組み合わせでは、山谷の数ほど売買していないことが分かります。山越えを終えてから、谷越えを終えてから、しばらくしてクロスします。小さな山谷はスルーしますので、クロスを手掛かりに売買すると、売買の頻度は山谷の数よりも少なくなります。

図3－10のチャートでは、長期線を8SMAにしました。もっとも8SMAは十分に短期線ですから、これを長期と呼ぶ人はいないと思いますが、5SMAよりも長期ということで、あえて5SMA、8SMAの短長組み合わせを見てみましょう。

足を短くすると、山谷により敏感になることが分かります。このチャートで見る限り、5SMA、8SMAの組み合わせでも、それなりに機能することが分かります。もっとも、山谷の間隔が詰まって細かく売買するようなところ（図の点線円）では、売買コストがかさみ、利益と見合わない可能性が高まります。売りかと思えば、すぐに買いとなるなど、ダマシの頻度も高まるのです。これで分かるのは、足を短くすると、売買頻度が高まって早く入れることができるが、その分、ダマシにかかるケースも増え、コスト割れの可能性が高まるということです。

図3－10　5SMAと8SMA

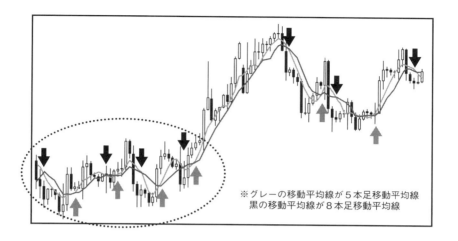

※グレーの移動平均線が5本足移動平均線
　黒の移動平均線が8本足移動平均線

図3－11　5SMAと21SMA

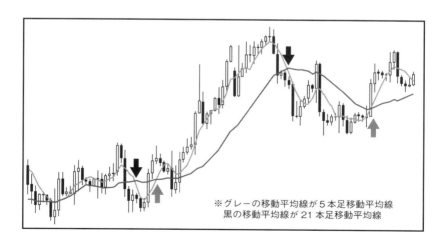

※グレーの移動平均線が5本足移動平均線
　黒の移動平均線が21本足移動平均線

今度は長い足を延ばして21SMAにしてみます。短期線が5SMA、長期線が21SMAの組み合わせです（図3－11）。

　山谷の数に比べて、売買頻度が大きく減少しました。特に左端のいわゆる、保合い相場での売買が減り、売買コストがかさむことで損失が膨らむことはなくなりました。

　これで見る限り、移動平均線を使った売買は機能します。皆さんも適当な商品を選んで、自分で足の長さを変えて、移動平均線が機能するかを確かめましょう。私が、機能しそうなチャートを選び出してきたのではないことが分かると思います。

　ちなみに、短期線を5SMAにしたのは、終値である1SMAと5SMAの間に、2SMA、3SMA、4SMAがありますので、終値と5SMAを見ていれば、短期の価格動向が一目瞭然だからです。つまり、直近価格であるローソク足が13SMAとクロスすれば、それは1SMAと13SMAのクロスになるわけですから、同じ傾向が続けば2SMA、3SMA、4SMAと13SMAのクロスが続くはずです。その傾向が顕著であると判断できれば、5SMAがクロスするのを待つことなどないのです。

　初心者には、まずは5SMA、13SMAをベースにして、そこから自分のやりやすいように長いほうの足を調整してみることを勧めます。そして、デッドクロスで売り、ゴールデンクロスで買いという「ドテン売買」です。

　どうですか？　単純で簡単でしょう。本当にこれで儲かるものか、取引できる最小金額を使って売買し、練習しましょう。ドテンを守れば、リスク管理がセットになっていますので、大損する可能性は極めて低いのです。

　実際に自分で売買すれば、移動平均線の利点も欠点も知ることがで

きます。欠点が目立つ局面では、必ずしもプラスになるとは限りません
んが、それを知るだけでも、相場で安定的に利益を上げられるように
なる、大きな一歩なのです。

　少額の損失でも、積み上がれば嫌なものです。その嫌な思いが、将
来の糧となります。そして、１回の損失だけで立ち直れないようなダ
メージを受けるトレードを防ぐことにもなるのです。

２）暴騰・暴落時には大儲けできる可能性が高い

　多くの人が手探りで投資運用を行い、どうして儲けたのか、どうし
て損したのかさえ曖昧なままでいる一方で、私たちはすでに「最も効
率的な運用」とは何かを知りました。それは、「山越えを待って売り、
谷越えを待って買う」ことで、相場では、山から谷へ、谷から山への、
転換点の見極めがキモだと知りました。

　もっとも、まだ知っただけで、納得できていないと思います。私は
学者や教育者ではなく、職人気質の資金運用者ですので、本を読んで
分かったなどと言われても、信じません。自分で繰り返し売買するこ
とでしか、短期トレードの技術は身に付かないのです。

　転換点の見極めには、移動平均線が大いに参考になると述べまし
た。その利点は、売買シグナルが必ず交互に来て、ショート（売り持
ち）、ロング（買い持ち）と入れ替わるので、暴騰、暴落では損する
どころか、大儲けできる可能性が高いことにあります。

　また、短期・長期の本数が同じなら、誰が引いても同じ線となるこ
とも挙げられます。当然のことながら、デッドクロス、ゴールデンク
ロスも、同じところで出ます。熟練のプロでも、初めて移動平均線を
使った人でも、まったく同じです。

トレンドラインを引いてみたとしても、いくつか引けそうで、それなりに難しいですよね。移動平均線のように、初めて引いたのにプロと同じということは、ほとんどないと思います。

　また、トレンドラインはファンダメンタルズを加味した相場観や、そのときの気分にも左右されます。私自身が引いても（基本的なところは同じですが）、別のところに注目した線になります。もっとも、それはそれで一向に構わないのです。なぜなら、トレンドラインは市場で実際にトレードされた価格ではなく、トレードの参考にする架空のラインだからです。どれもが架空のラインなので、これが正しい、これは間違いなどというものがあるはずないのです。移動平均線で、13SMA を 21SMA に変えると、まったく違うところに描かれますが、どちらが正しいとは言えないのと同じです。

第3節
最終的にはシンプルに考える
～ KISS アプローチ～

　指数平滑移動平均線（ＥＭＡ）での、売り買いのサインを与えるデッドクロスやゴールデンクロスは、長期線、短期線の日数を調整することにより、例えば過去10年間、常に当たり続けてきたサインを作り上げることができます。

　他のテクニカル指標でも、ｎやｍ、α、ＡＦ、Ｘ、○などで示される数値を調整することで、現状に最も適した「当たる」テクニカル指標とすることができます。これを最適化といいます。

　ところが最適化を行っていると、これまでの10年間当たり続けてきたものが、その時点から突然に当たらなくなるようなことが起きるのです。それを「最適化の罠」といいます。どうして「最適化の罠」に陥るのでしょうか？

　その答えは、未来は過去の忠実なコピーではないからなのです。テクニカル分析は、過去の値動きのパターン分析です。過去の値動きの背景には、それぞれ、そのときだけの環境やイベントなどがあったのです。値動きだけを忠実にコピーしようと思っても、実世界はコピー不可能なのです。

　歴史は繰り返すという意味は、最適化が意図するような、過去とまったく同じことが未来に起きるということではありません。あなたがあ

なた自身として生まれ変わり、今とまったく同じ人生を、未来で繰り返すことはないのです。過去をそっくりコピーした過度の最適化は、想定外のリスクに対して無力だと言えます。

　勝負事を生業としている人たちが、異口同音に言っていることがあります。それは「単純明快に考えろ」（Keep It Silly Simple）ということです。その「Keep It Silly Simple」の頭文字をとって、ＫＩＳＳアプローチと呼んでいます。

　複雑なことは、綻びやすいのです。また、小さな綻びでも、複雑なために修復が利かずに、大きな破綻に繋がりやすいのです。

　相場では、高く売って安く買えば、必ず儲かります。山で売ることができ、谷で買えれば、損のしようがありません。そのことさえ分かっていれば、判断の基準が単純明快になります。どのテクニカル指標が実際に役立つかが見えてくるのです。

　転換点を見極める参考に役立つテクニカル指標はたくさんあります。しかし、役立つからと言って、何もかもを見ようとすれば、かえって邪魔になってしまいます。また、必ずしも同じ指示を、同じタイミングで出すわけではないので、判断が遅れるのです。

　私も多くのテクニカル指標を解説していますが、それは、相場の理解をより深めていただきたいと考えるからです。テクニカル指標は、「学んだら、捨てる」のです（図3－12）。ローソク足に、たった1本の線を引くだけでも、先入観となってしまいます。先入観は、相場を見る目を曇らせます。私は、皆さんが一通りのテクニカル指標を学んだ後は、「素のチャート」に帰ってほしいと考えています。

図3－12　KISS アプローチを身につける

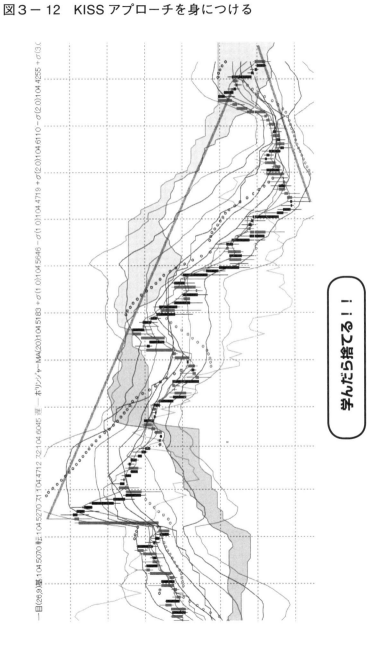

コラム
なんぴん買いをしてもいい？

（質問）

　プロが運用している金融機関でも、しばしば巨額損失が話題になります。話題どころか、トレーディングによる損失で、破綻した金融機関も多いのです。それも、何々ショックとか、何々危機とか呼ばれるときでなく、何でもないときに、健全に見えていたところが、突然、破綻するようなことも起こります。多くの金融機関が同じようなことをしていながら、ひとつだけが巨額損失というのは、よく考えれば変ですよね。

　大した値幅でもないのに、巨額損失を出すというのは、巨額なポジションを抱えていたからです。そうしたことが、どうして起きるのか、典型的なケースを述べてみましょう。

　最初はつまらない額の損なのです。評価損を実現損とするのが嫌で、なんぴん買いをします。なんぴん買いとは、買って値下がりすればさらに買い増すことです。それではどうして、なんぴん買いをするのでしょうか？

（回答）

　価格に波動はつきものなので、一方向に突っ走る相場などそれほど多くはなく、なんぴん買いをしても無事に切り抜けることができます。何度かそういうことを繰り返すと、相場のコツをつかんだ気になり自信を持ちます。

　なんぴん買いはトータルコストをどんどん下げていくの

で、少しの反発でも生き返れます。勝率が高まり、周りも一目置くようになります。こうしてなんぴん買いは癖になってしまうのです。

　なんぴん買いが癖になると、いつの間にかポジションが膨らみ過ぎていて、時々、恐い思いをするようになります。しかし、そこもさらなるなんぴん買いで切り抜けます。ここまで来ると破滅は目の前です。彼はなんぴん買いして我慢しさえすれば、いつか浮かび上がれるものと思い込んでいます。

　では、どうしてそうなるのかを、図解します。相場が100から90に10％値下がりしたケースを取り上げます。10％の変動は、それほど稀なケースではなく、個別株などでは１日でも起こりえます。

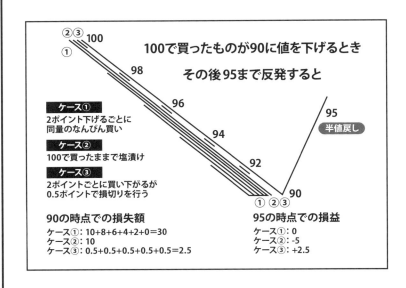

② ③ 100
①
98
100で買ったものが90に値を下げるとき
その後95まで反発すると
96
ケース①
2ポイント下げるごとに
同量のなんぴん買い
94
ケース②
100で買ったままで塩漬け
95
半値戻し
ケース③
2ポイントごとに買い下がるが
0.5ポイントで損切りを行う
92
90
① ② ③

90の時点での損失額
ケース①：10＋8＋6＋4＋2＋0＝30
ケース②：10
ケース③：0.5＋0.5＋0.5＋0.5＋0.5＝2.5

95の時点での損益
ケース①：0
ケース②：-5
ケース③：+2.5

ケース①が「なんぴん買いした」とき、ケース②が「買ったままで何もしなかった」とき、ケース③が「0.5％下げで損失を確定するが、2％下げるごとに買い続けた」ときです。新たに買った分も0.5％下げれば、損切りします。

　図解で見ると、なぜ、なんぴん買いが癖になるのか、なぜ、破綻にまで行きつく人や会社が出てくるのかが、分かると思います。

（コラム）
ピラミッディング（買い乗せ、売り乗せ）はどうする？

（質問）

　山越え確認、谷越え確認で売買し、損失を小さく、利益を大きくと心掛けていれば、相場は安定収入の可能性を与えてくれるものです。

　利益が乗っているときに、さらにポジションを大きくするピラミッディングは、大儲けの可能性を高めると同時に、これまでの評価益を吹き飛ばす可能性も高めます。つまり、勝負に出る形となります。

　それでは、どこで勝負に出ればいいのでしょうか？

（回答）

　アイデアを次ページの図で解説します。基本は山越え確認、谷越え確認です。

　ピラミッディング①の図では、最初の丸印が山越え確認に当たります。次の丸印が売り乗せで、支持線の下抜けで勝負に出ました。3番目の丸印は抵抗線に当たって上髭が出たところです。ピラミッディングは二度まで、それ以上行うとリターンよりもリスクが大きくなると見ています。

　ピラミッディング②の図の丸印も、基本通り、谷越え確認で買いました。次の丸印は三角保合いの上抜けでの買い乗せです。

ピラミッディング①

ピラミッディング②

（コラム）
移動平均線のゴールデクロス・デッドクロスについて（最適化の罠）

（質問）

　移動平均線のゴールデクロス・デッドクロスは、トレンドが出ているときは機能するかもしれませんが、保合い相場ではダマシが多くなって使えないのではないかと思うのですが？　例えば、どういうパラメーターの設定にしたほうがいいのでしょうか？

（回答）

　移動平均線は遅行指標ですから、保合い相場では機能しません。テクニカル指標とは、相場の現況をその指標の（作者の）考え方通りに提供するものです。パラメーターを変えれば、見えるものが違うということは、ユーザーが見たいように見える要素を残しています。ある一定期間を取り上げて、自分が見たいパフォーマンスのテクニカル指標を探すことは容易です。とはいえ、それに何の意味がありますか？

　相場は未来の価格を扱います。過度に最適化されたテクニカル指標は、未来どころか、現時点の値動きにも対応できません。そこで我々が試みるのは、相場を頭だけで理解できるという思い込みを捨てて、未来の値動きに対処する方法を身体で覚えるということです。こう書くと、ますます混乱しそ

うなので、自動車の運転に例えます。

　自動車を走らせるには、時間の助けが必要です。前に進むということは、距離だけでなく、時間も未来に向かって進んでいるのです。このとき、完ぺきなドライビング方法を知っていても、実際の運転には役立ちません。なぜなら、距離と時間の経過と共に、運転する環境が変化し続けているので、目の前で起きることに対処できないことには話にならないからです。

　大事なのは、運転の基本動作と、運転を恐がる必要はないということ、何に注意して運転すべきかということを知ることです。本書では、安全に効率的に早く目的地に着く方法を提案しています。それを参考に、自分自身の運転の仕方を会得して頂きたいと思います。相場で何よりも大事なのは、合理的だと思われる方法で、売買を継続することなのです。

第4章

出口戦略について

第1節
損切りと損切りオーダーの違い

　損切りが重要なのは疑いがありません。今では、ほとんどの個人投資家が賛同してくれると思います。

　意外に思われるかもしれませんが、私が相場を始めた1980年代の初めには、損切りの重要さはそれほど認識されていませんでした。私は外為インターバンク・ブローカー時代に、外為銀行から無理矢理に押し付けられる、「スタッフ」と呼ばれる、持った時点では常に評価損を抱えたポジションの処理を担当しました。機械的に損切りすると会社が持たない、とはいえ、損失の拡大を防ぐのは絶対命令という環境下で、トレーディング技術を磨きました。詳しくは、第6章の「自分の適正ポジションを知る」で述べます。

　1985年春に証券会社に移り、外債ディーラーとなってからも、損失が拡大しそうなときには、損切りを行っていました。あるとき、上司から「お前には信念というものがないのか」と言われました。当時の証券会社には、損切りというカルチャーがなかったのです。

　1990年に出した最初の著書『生き残りのディーリング』で、「損切り論」という項目を設け、損切りの重要さを説きました。ある日、生命保険会社のファンドマネジャーから「最近、運用担当の役員が、3

勝7敗と言い出した。矢口さんの本を読んだに違いない」などと言われました。損切りで損失を小さく抑えていれば、小さな勝率でも勝てるとした部分です。

　また、2000年代に入って、仲の良いファンドマネジャーから、「今思えば、損切りを最初に言い出したのは、矢口さんだったね」と言われました。他からも、同じような話を聞きました。

　私は本で運用を学んだわけではないので、誰が初めかには興味がなく、誰が肯定しても、否定しても、損切りが重要だという思いに変わりがありません。

　では、私が機械的に損切りを行うかと言えば、そんなことはありません。先述したブローカー時代の「持った時点で常に評価損を抱えたポジション」を切り続け、実現損を積み上げることが、ビジネス的に成り立つはずがないからです。

　相場では、常に価格が上下動しています。それにつれて評価損益も、常に増減します。機械的に損切りしていては、ボラティリティを敵に回すことになります。ボラティリティは味方につけねばならないのです。

　損切りは、損失が想定以上に膨らむことを防ぐためだけに行います。難しいですか？　このあたりのコツは、売買を重ねることでしか得られないと思います。そこで私は、1分足、あるいは5分足を使った最少金額の売買で、トレーニングを重ねることを推奨しています。

　ところで、損切りと損切りオーダーの違いが分かりますか？　損切りは自分で行うもの。損切りオーダーによる損切りは、委託した業者が行うものです。

　ここで、損切りオーダーの恐ろしさの実例を、ひとつだけ挙げます。

2016年10月7日、英ポンドは東京時間午前8時6分過ぎまで、1ポンド1.26ドル台で推移していました。2分後の8時8分に、節目となる1.20を割り込み、さらに1分後の8時9分には、1.1410近辺にまで急落しました。3分足らずの間に、ポンドの下げ幅は9％を超え、10月4日に1.2760台に下げてから更新し続けている「1985年6月以来の安値」をさらに大幅に更新しました（図4-1）。

　7日の安値はチャート上では1.1378とあったようですが、ビッドの安値は当てになりません。ロイターによれば、取引のキャンセルにより最安値は1.1491ドルに修正されたとありました。もっとも7日のような荒れた値動きの日では、ロイターによる最安値が、その日の最安値であるとは限りません。

　このときの値動きを、数日後、関連当局が調査するとの記事を目にしましたが、調査結果が出たかは覚えていません。しかし、私には何が起きたか分かっています。

　為替取引は24時間行えます。しかし、時間帯によっては参加者が少なく、思った価格で売買することが困難になります。これを「流動性が低い」と表現します。

　東京市場は9時からフルメンバーでの取引が始まります。香港やシンガポールは東京時間に合わせて1時間、早出します。やがて、他のアジア市場、中東、アフリカ、欧州大陸、ロンドンと入って来ます。ロンドン時間の午前中は東京もまだほぼフルメンバーで、24時間中で最も流動性が高い時間帯のひとつなのです。

　やがて東京、アジアと抜けていきますが、ロンドンの午後にはニューヨークが入ってきます。ニューヨークの指標が出る前後の時間帯は、世界中が注目する、24時間中で最も流動性が高い時間帯です（指標直後は思惑が入り乱れて、例外的に低くなります）。

図4－1　ポンド・ドルレートのチャート

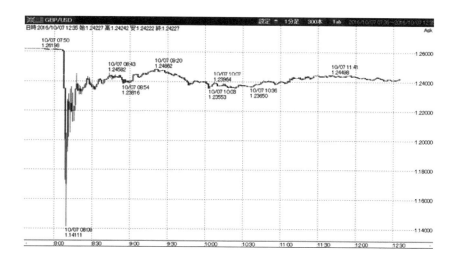

ニューヨークの午後は、ロンドンまでの地域が抜け、米大陸だけの
メンバーとなります。時間が経つにつれ米西海岸が中心となり、その
うち、オセアニアが入ってきます。この時間帯が24時間中で最も流
動性が低いのです。つまり、東京時間4時〜9時の流動性は、基本的
に低いと言えます。

　私は東京でも外為ブローカーを含め4つの会社に勤めましたが、い
ずれも朝8時からミーティングを行っていました。ディーリングルー
ム内だけでなく、ミーティングルームに集まることもありました。

　つまり、世界の24時間中、フルメンバーが揃わず、最も流動性が
低いのが、東京時間8時から8時10分までなのです。そして、その
時間のポンド・ドルは真夜中の通貨で、主要通貨のペアでは、円がら
みやユーロ・ドルよりもはるかに流動性が低いのです。狙い撃ちです
ね。

　2016年10月7日のポンド・ドルの急落で、1.20を割り込んだら、1.18
を割り込んだら、1.16を割り込んだらと、もしもの場合を想定して損
切りオーダーを入れていた人たちが全滅しました。オプションがらみ
のオーダーもあったと思います。損切りオーダーを入れず、他の用事
をしていた人たちや、ミーティングを終えた人たちは、「えっ、何かあっ
たの？」だけで済んだ可能性があります。

　故意に損切りオーダーをつけに行く？　そんなことは絶対にないと
は思わないほうがよいでしょう。損切りは非常に重要な決断です。機
械的に行って、リスク管理だから仕方がないと、妙な自己満足をして
はいけません。また、安易に業者に任せるべきではないのです。

損小利大を目指す

損小利大とは、損失を小さく、利益を大きくという意味です。それができれば、勝率が5割でも、利益が残ります。いえ、3勝7敗でも、十分に利益を残すことが可能なのです。

図4-2を見てください。このローソク足を眺めて、どうすれば収益を上げられるか、そして、どうすれば損小利大のトレードができるのかを考えてみましょう。市場でついた価格の、生の情報である素のチャートはすべてのスタートであり、ゴールです。

図4-2　どうやって収益を上げるか

山で売り、谷で買えば、必ず儲かりますね。しかし、上げている相場はどこまで上げるか、下げている相場はどこまで下げるかは、分かりません。そのため、上げ止まりを暗示する山越え確認で売り、下げ止まりを暗示する谷越え確認で買うことを心掛けます。要は、転換点の見極めの精度が高まれば、収益チャンスが広がるのです。

　転換点見極めの精度とは、できるだけ山頂近くで売り、できるだけ谷底近くで買うことを意味します。「山越え確認できたときには谷底に近かった」、もしくは、「谷越え確認できたときには山頂が近かった」では、損小利大どころか、なかなか収益には結び付きません。つまり、できるだけ、波動の両端で売買することが、収益の最大化につながるのです。

　それでは、図4－3を参考に、損失を小さくし、利益を拡大する秘訣を伝授しましょう。

　それなりに機能している以下のエントリーに注目します。

　◎4でのロングエントリー
　◎24でのロングエントリー
　◎80でのロングエントリー

　これらは、最小限の（谷越え）確認でエントリーしています。

　これが機能すれば、当然のことながら利益が大きくなりますが、それだけでなく、機能しない場合の損失が小さいのです。

　4の場合は2の下抜け、24の場合は22の下抜け、80の場合は79の下抜けが損切りの目安ですから、大きな損失とはなりません。つまり、早入りが損小利大につながる秘訣のひとつなのです。

　もうひとつは、安易に利食わないことです。

　図4－3では黒の矢印の部分で踏みこたえることにより、さらなる

図4－3　損小利大における注目ポイント（再掲）

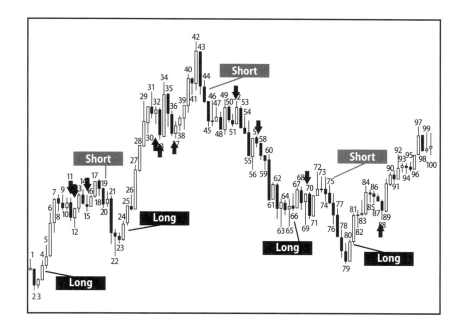

値上がり益が取れることになります。つまり、手仕舞いは焦らずに、転換したのかの確認を慎重にすることが、大きな利益につながる可能性を高めるのです。

　ここではロングだけを述べましたが、ショートでも同じように機能します。皆さん自身が、数多くのチャートに当たって確かめましょう。自身で行う作業が、確信につながり、収益の向上にも役立ちます。

第3節
トレイリングストップ

　第2節では、それなりに機能している節目を例に「損小利大」についてお話ししました。その損小利大を実現しやすくする技術として、ここではトレイリングストップを紹介します。

　図4－4を見てください。お馴染みの値動きですね。谷越え確認で矢印①で買ったとします。そして、リスク管理（損小利大）として、直前の安値の下に損切りポイント②を置きました。この安値を下回ることは、新たな谷底の出現を意味し、谷越え確認が間違っていた可能性があるからです。

図4－4　節目のそばにストップラインを置く

首尾よく上がったので、利益確定できれば問題ありません。ところが、利食い損ねて、損切る羽目になることもあるのです（図４－４の円内）。損小利大を目指していて、事実、上げていたのに損切りになってしまうなんて「そんな馬鹿な」と思いませんか？

　このようなことが、なぜ起こるのでしょうか。いくつかの理由があります。まずは、当初の目標価格が高過ぎて、まだまだ上がると思っていたことです。当初に買ったときにはそれでも不安で、リスク管理も考えています。ところが、価格が上がるにつれて自分の見方に自信を深め、強気の目標を維持したくなってくるのです。このとき、過去に大儲けの成功体験があると、余計に妙な欲を出してしまいます。

　とはいえ、価格が反転を始めると、そういった自信はぐらついてきます。しかし、今度は欲ボケが始まります。「あそこで利食っていれば、あれだけの利益があった」「こんなところで、こんな小さな利益で終えたくない」となるのです。

　そして、もともとある程度の損失覚悟で始めたトレードなので、損切りがつくまでは辛抱しようとなります。そんな損切りは、往々にしてつくもので、案の定、少しだけ安値を更新した円内のところで、損切ってしまいました。

　また、これは当初から損切りポイントを③に置いていれば良かったのですが、損切りがついたときの実現損の大きさが嫌で、ある意味、中途半端なところに置いたのが失敗でした。よくあることです。

　ところが、当初から損切りポイントを③に置いていても、ほんの僅かだけ安値を更新し、損切りオーダーがついた後に急反騰することもよくあることなのです。なぜ、そういうことが起きるのかというと、そこに損切りオーダーがあるからなのです。

　あなたが、ポイント②やポイント③に損切りオーダーを入れていたとすれば、それがつくときには、最安値で売らされることになりま

す。では、誰が最安値で買えるのでしょう？　損切りオーダーを持つディーラーですよね。そういったおいしい餌の誘惑に勝てないディーラーは多く、自分で売り崩しておいて、損切りオーダーで買い戻すようなこともしばしば起こります。そんな場合、チャート上には、わずかだけ高値、安値を更新し、上髭、下髭が出て反転と描かれます。

　それで私は、機械的に損切りオーダーを入れるのは、必ずしもリスク管理にはならない、自分自身で確実に売買を完結する短期トレードのほうが安全だと述べています。

　せっかくの利益が損失で終わる、そんな大間違いを防ぐテクニックがトレイリングストップ（Trailing Stop）です。図4−5を見てください。谷越えを確認して矢印①で、ロングで入ったとします。損切りポイントは直前の安値の下（②）です。その後、価格は上げて、また下げた後、押し目の安値を更新せずに上抜けてきたので、ストップの売り水準を③の位置まで引き上げます。

図4−5　トレイリングストップ

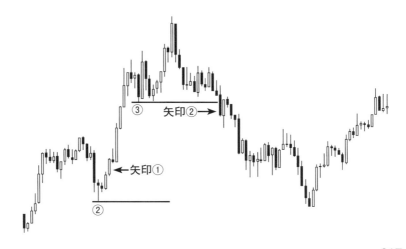

その後、当初の損切りポイント②の位置をローソク足が割り込んで
きますが、ストップを③に引き上げておいたおかげで、矢印①から矢
印②までの値幅は利益となっています。

　このように、手仕舞いオーダーのポイントを引き上げることをトレ
イリングストップと呼びます。trail とは引き摺る、後を追うという
意味です。
　トレイリングストップでは、ストップライン（ここでは③）がエン
トリーポイント（ここでは矢印①）を上回った時点で、利益確定とな
ります。

コラム
利益確定ラインもエントリー前に決めるべきか？

（質問）

　相場では価格変動が収益源なのに、損切りオーダー、価格変動を敵に回すことになります。では、利益確定ラインをエントリー前に決めることはどうでしょうか？

（回答）

　仮に、図4－1の10月7日の早朝時点で、ポンド・ドルを売り持ちしていたと想定してみましょう。

　ポンド・ドルが急落したので、収益につながりました。しかし、利益確定ラインを1.2500（チャートの①）に置いていればどうでしょうか？　買い戻しのオーダーを入れておけ

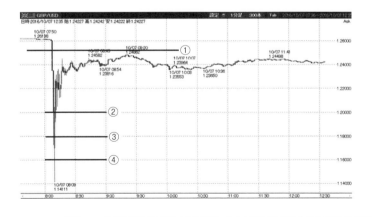

ば、それなりに儲かりました。しかし、これではボラティリティを味方につけたとは言い難いですね。

　何が起きるか分からないから損切りします。損の拡大を抑えるためにだけ損切りします。反対に、何が起きるか分からないのに利益を確定する、利益が膨らみそうなのに予定通りに利益を確定する。どうしたものでしょうか？

　もっとも、ダメ元でと、1.20（②）以下、1.18（③）、1.16（④）あたりに利食いのオーダーを入れ、仮にそれ以上下げても、これだけ取れれば御の字というのならば、ボラティリティを味方につけたと言っていいでしょう。

（コラム）
両建ては使っていい手法？

（質問）

　「両建て」とは、まったく同じもののロングとショートの
ポジションを同時に同額持つことで、株式の場合は「つなぎ
売り」と呼ばれます。

　売り買いまったく同じものですから、価格が上げても下げ
ても損益はぶれず、ポジションを作ったときの状況で、評価
益のロックインか、評価損のロックインを抱えます。両建て
は使ってよい手法なのでしょうか？

（回答）

　プロのディーラーは、両建ては行いません。なぜなら、期
待利益がゼロだからです。プロがロングとショートのポジ
ションを同時に持つときは、現物と先物などのように、両者
のスプレッドの伸縮から利益が期待できるときや、あるいは、
何らかの事情で現物を動かせず、先物などでヘッジする場合
です。両建てのように、上げても下げても利益につながらな
いトレードは行いません。

　両建てに期待するべきリターンはありませんが、リスクが
ないわけではありません。

　まずは、流動性リスクです。ポジションを閉じるときに、
流動性が落ちていると、売り買い共に思った価格では行えず、
損失が発生します。手数料が必要な場合は、売り買いダブル

で支払います。

　次に、信用リスクです。両建てを行っている取引業者が潰れたり、資金取引に遅滞があったりすると、思わぬ損失につながる場合があります。

　つまり両建ては、期待利益がゼロなのに、リスクだけがあるのです。したがって、大きな金額を扱うプロは絶対にやらない取引です。

　両建てやつなぎ売りは、業者サイドには何らかのリターンが見込めますが、顧客サイドにはリスクだけがあって、リターンのない取引です。そう説明しても、両建てが好きだと言う人がいますので、そこから先は、私が関知するところではありません。

第5章

素のチャートで
転換点を探ることが
最も効率の良い
やり方

テクニカル指標は
自転車の補助輪に過ぎない

　私はテクニカル指標を、自転車の補助輪に喩えています。自転車の補助輪は、幼児たちが自立走行できるようになるまでは有用ですが、乗りこなせるようになると、いつまでも付けたままではかえって危険です。例えば、カーブでは補助輪が邪魔で曲がれず、反対方向に飛ばされることもあります。

　テクニカル指標も同様で、自立するまでの参考には有用ですが、それに頼ると収益力が落ちるだけでなく、かえって危険なのです。

　例えば、移動平均線は誰もが簡単に使える、優れたテクニカル指標です。山越え確認、谷越え確認の参考になるだけでなく、クロスでの売買は、ある意味、リスク管理付きですので、急騰や急落で、とんでもない損失を出すことがありません。それどころか、急落や急騰は大きな収益チャンスとなるのです。

　ところが、実際に使ってみると、どうも勝手が違うことが分かります。次ページのチャートで、クロスが出た次の足の寄値での売買がどうなるかを見てみましょう。

　白の矢印が「買い持ち」、黒の矢印が「売り持ち」で、常に、ロング・ショートのドテン売買を行います。つまり、移動平均線を「参考」とするのではなく、移動平均線の「指示通り」の売買です。

図5−1　こういうところでタイミングを逃す

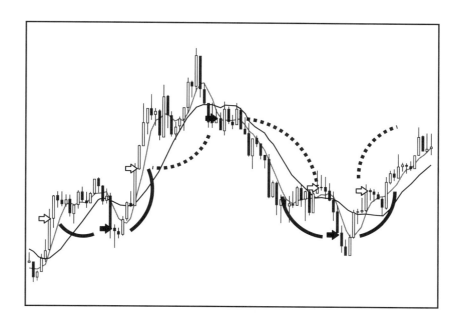

実線の弧が損失となった部分。点線の弧が利益となった部分です。

　移動平均線は価格を後追いします。「5本」と「13本」の組み合わせの移動平均線は、決して出す指示が遅すぎる組み合わせではありませんが、それでも後追いには違いがありません。そして、クロスを待ち、次の寄値での売買ということで、「タイミングを逃してしまう」のです。

　テクニカル指標に頼ると、もうすでに反転しているのに、あえてテクニカル指標の指示を待つという愚を犯します。主導権は常に自分であることを忘れずにいたいものです。

　自分が主導権を握るために、テクニカル指標の意味するところを学ぶのです。テクニカル指標に従ってしまうと、デメリットのほうが大きくなります。

頼るべきは素のチャート

　これまで、多くのテクニカル指標を解説してきました。そして、よくできたテクニカル指標は参考にはなりますが、それでも頼ってはいけないと言ってきました。

　そうはいっても、実際には、チャート上に線などが描かれていると、それに頼りたくなることもあるでしょう。

　さらに、参考にするだけだとしても、ひとつのテクニカル指標では不安になってしまい、もうひとつ、またひとつと、別のテクニカル指標を追加したくなることも考えられます。そうやって数多くのテクニカルを参考にしているうちに、最も貴重なタイミングを逃してしまうというのも、よくある話です。

　テクニカル指標は、実は「学んだら、捨てる」のが一番なのです。相場で「何が大切か」が分かれば、テクニカル指標の役割は終えたと言っていいのです。そして、当初の「素のチャート」に帰るのです。

　相場でのリアルなデータは価格と出来高だけです。テクニカル指標は、どんなに便利でも、その「作者の相場の見方」でしかありません。つまり、あえて歪ませた見方なのです。

図5－2を見てください。あなたは、チャートにテクニカル指標が
ないと、まだ不安ですか？　不安ならば、不安でなくなるまで、徹底
的に学ぶことです。頼る理由がないことが分かります。

図5－2　素のチャートは最大の味方

第3節
素のチャートで
エントリーとエグジットを考える

　今回の話は、本書の「キモ」にあたる部分です。当然ですよね。素のチャートを見て、「どこで売るか、どこで買うか」が分かれば、他のどの知識もいりません。タペストリー・プライスアクション理論やファンダメンタルズ分析、テクニカル分析なども、収益につなげる参考にはなりますが、どこまでいっても最後は、「どこで買うか、どこで売るか」に戻ることになります。

　プロのディーラーの売買は単純です。相場は、基本的には「対処」なので、複雑に考えていると後れをとるからです。
　対処とは、環境への対処、起きたことへの対処、森羅万象あらゆることへの対処です。具体的には、値動きへの対処です。例えば、価格が上げ始めたならば、上げ続ける可能性に備えます。つまり、「どこまで上げれば」という基準を持ち、それを超えたなら自分も行動に移します。その際の基準はできるだけ単純なもののほうが、迷いなく素早く対応ができるのです。

　何が起きてもうまく対処できるようになるには、地力をつけておく必要があります。そのために、タペストリー・プライスアクション理論や、ファンダメンタルズ分析、テクニカル分析などが役立ちます。しかし、目先の対処は見た目もやрcoことも、極めて単純です。寿司を

握ったり、カンナ掛けしたりするような単純さです。

　では、実際の素のローソク足に番号を振って、エントリーとエグジット（仕込み、利食い、損切り）の詳しい解説を図5－3でいたします［編集部注：ローソク足が1本ずつ進むにつれ、どういう判断（対処）が必要なのかを学んでいただきたいため、232ページ以降、特殊な見せ方にしています。ご理解ください］。

　なお、図5－3は上げ下げの転換点を、そのまま売買につなげるという意味で、ドテン売買を想定しています。ロングと示してあるところが買いのエントリーポイント（売りのエグジットポイント）、ショートと示してあるところが売りのエントリーポイント（買いのエグジットポイント）です。なぜ、示しているところがロングになるのか、ショートになるのか、考えてみてください。

　損切りポイントは、ロングなら直前の安値を下抜けたところ、ショートなら直前の高値を上抜けたところです。

　また、一部に下向き＆上向きの矢印を入れています。他の部分とも共通するところが分かりますか？　すぐに気づかなくても大丈夫です。これがすぐに分かれば、世界のトップ・ディーラーに仲間入りできる資質があります。

　収益を上げるのに、これだけしか方法がないわけではありません。プロディーラーの数だけ手法があってもいいのですが、最も効率的となると、この手法になります。

　なお、ローソク足の基本的な値動きは以下の4つになります。それを念頭に置いて、232ページ以降、読み進めてみてください、

①前足を高値＆安値共に切り上げる→買い（＆売りポジションの利確）
②前足の中に高値＆安値が収まる（はらみ線）→様子見
③前足を包むように高値＆安値が形成される（抱き線）→様子見
④前足を高値＆安値共に切り下げる→売り（＆買いポジションの利確）

図5-3　エントリーとエグジット

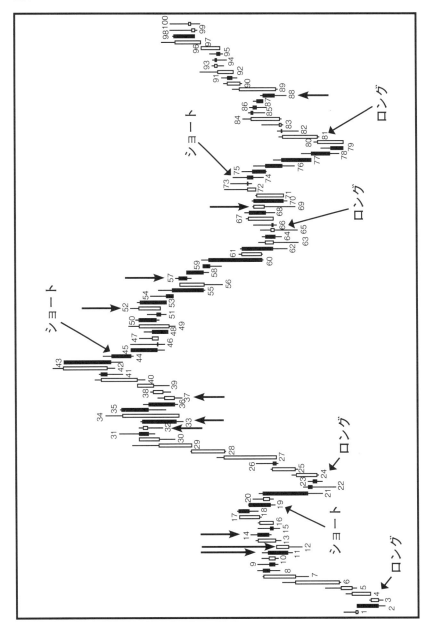

下のローソク足を見てください。4本目の足で、前の足2本を上抜けしたところ（点線）でロング（買い持ち）を作りました（3本目は「はらみ線」で様子見）。買いで保有している状態です。

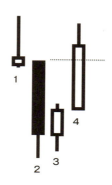

　買った後の次の足（5本目）は前足を高値安値共に切り上げています。評価益が出ていますね。高値も安値も切り上げているので、買いポジションはそのままです。

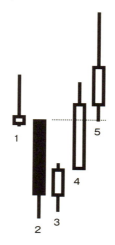

6本目も前足を高値安値共に切り上げています。

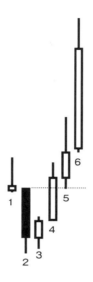

7本目も前足を高値安値共に切り上げています。

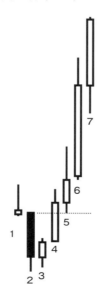

8本目も前足を高値安値共に切り上げています。

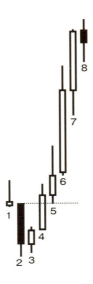

　9本目は前足の高値安値内に収まる「はらみ線」です。買いポジションを保有するのか、利確してドテンするのか、考えつつ、様子見です。

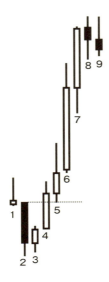

10本目も、前足の高値安値内に収まる「はらみ線」です。ここまでは、下げる兆候が出ていないので、買い持ちを維持します。

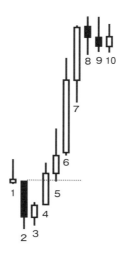

問題は11本目と12本目です。前足を高値安値共に切り下げたことで、ここで初めて下げる兆候が出ました。下げる兆候が出たので、買い持ちを手仕舞って利益を確定するのは、ひとつのやり方です。

高値＆安値切り下げ

ただ、12本目をよく観察すると、7本目の安値に届かず切り返し、下髭のある陽線となっています。ですから、まだ利益確定をせずに、4本目で作った買い持ちを辛抱して持ち続けるのもひとつのやり方です（7本目の足の高値安値に続く5本の足が含まれれば、「5匹はらみ」と呼び、様子見。今回は安値が保たれているので、ロングは様子見）。今回はそのまま保有します。

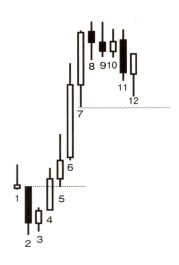

　すると、13本目は前足を高値安値共に切り上げてきました。

14本目も前足を高値安値共に切り上げています。

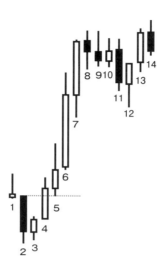

しかし、15本目では、前足を高値安値共に切り下げました。

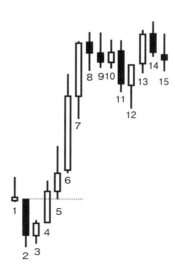

しかし、13本目の安値を下抜けなかったので、16本目を様子見しました。16本目は前足の高値安値内に収まる「はらみ線」です。

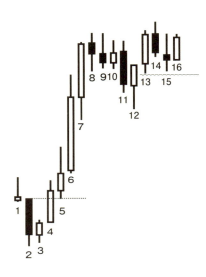

すると、17本目が前足を高値安値共に切り上げました。

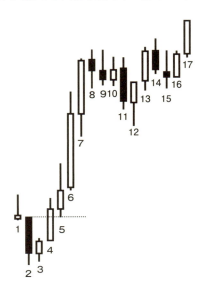

18本目も前足を高値安値共に切り上げました。

19本目となって、前2足の高値安値共に切り下げたので4本目で作ったロングを手仕舞い売り（利食い）しました。ドテン売買ですと、ここから一転してショート（売り持ち）です。

利食い＆ドテン

20本目は前足の高値安値内に収まる「はらみ線」なので、そのまま様子見です。

21本目は前足を高値安値共に切り下げました。評価益が出ています。

22 本目も前足を高値安値共に切り下げました。なお、22 本目の下髭の長さは、谷越えを示唆しています（この意味は、第 2 章の「ローソク足」で復習）。

23本目は前足の高値安値内に収まる「はらみ線」です。ここまでは、上げる兆候というものが出ていないので、ショート（売り持ち）を維持します。

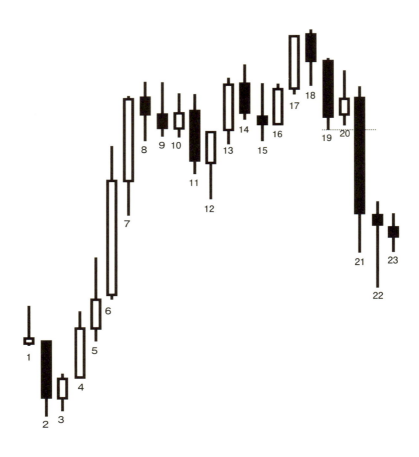

24 本目では、前の足 2 本を上抜けしました。そこで、ショート（売り持ち）を手仕舞って利益を確定し、ドテンしてロング（買い持ち）を作りました。

買いに転じた後の25本目は前足を高値安値共に切り上げています。評価益が出ています。

26 〜 29 本目は、前足を高値安値共に連続して切り上げています。

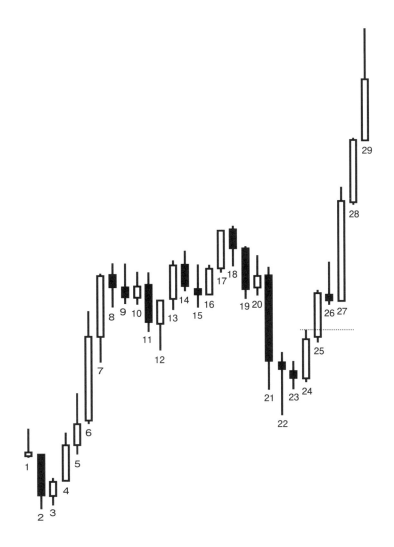

30本目は前足の高値安値内に収まる「はらみ線」です。

31本目は、再び前足を高値安値を共に切り上げています。ここまででは、下げる兆候というものが出ていないので、評価益を抱えたままでロング（買い持ち）を維持します。

後は、同じことの繰り返しです。ポイントが分かりますか？　自動車の運転に例えれば、ロングで今の足が前の足の高値安値を共に切り上げている間は、アクセルを踏んだ状態で、そのまま進みます。今の足が前の足の高値安値の内側に収まる「はらみ線」や、高値安値を上下に更新する「抱き線」は転換点の暗示となりますので、アクセルから足を離し、エンジンブレーキの状態で、そのまま進みます。

　ロングで今の足が前の足の高値安値を共に切り下げると、すでに下げる兆候が出ていますので、ブレーキに足を乗せ、いつでも止まれる準備をします。

　これが「図5-3　エントリーとエグジット」のチャート上に矢印（上向き＆下向き）で示した部分です。いったん売ってしまってもよいのですが、まだ兆候だけで、下げに転じるとの判断にまで至らない、最も難しいところです。つまり、判断を要求されるのは矢印の部分、チャートに見る上げ下げの約1割の部分だけなのです。

　同じことを、このチャートの100本目までだけでなく、何万本、何百万本も繰り返します。職人に似ていませんか？　これがトップ・プロの手法です。儲かります。簡単です。慣れるだけなのです。もっとも、儲かるという意味は、小さな損失は大きな利益でカバーできるので、その日のトータルや、その週のトータルで儲かるということです。

　図5-4を見てください。線で示した部分は、ポイントとなった高値・安値の攻防の場所でもあります。ディーラーは常に、「ここを抜けたら売る」「ここを抜けたら買う」というように、値動きへの対処の準備をしています。

　図5-5は、同じチャートに5と13の移動平均線を入れたもので

図5-4　素のチャートは最大の味方

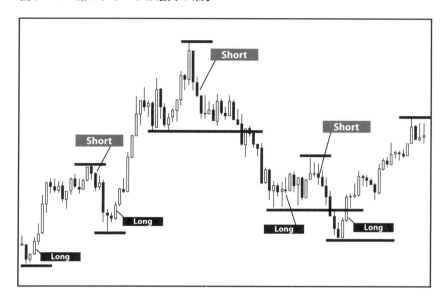

図5-5　素のチャートに移動平均線を入れる

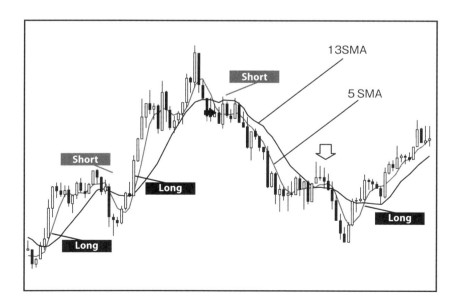

す。矢印の部分は、ダマシかどうかの判断を迫られる部分です。移動
平均線が、山越え確認、谷越え確認の「参考」に使えることが分かる
と思います。

（コラム）
エントリーに遅れたときは？

（質問）

　エントリーに遅れたときは、どうすればよいのでしょうか？　諦めたほうがよいのでしょうか？

（回答）

　本章で使った図を基に解説します。この図の中の45や48でショートエントリーすると、損切りポイントの目安は42の上になります。それなりの値幅ですね。損切りがついたときの損失が相当に大きなものとなります。

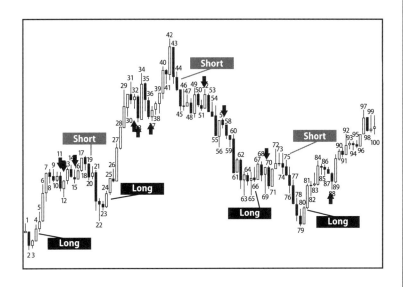

トレーディングをビジネスととらえるのであれば、大きな損失を出すのは禁物です。この程度の損失という見方もありますが、ビジネスでの損失は小さいほうがよいでしょう。

　　その後も、相場は 65 や 79 までも下げ続けました。売りたい気持ちを抑えて、このような下げを見せられると、しばしば堪え切れなくなって、安いところで売ってしまうものです。仮に 76 などで売ってしまうと、なかなか利益は上げられません。

　　私は、このようにエントリーに遅れたときには、通常使う金額の半分のポジションを使います。例えば、48 で半分ショートメイクし、55 で残りの半分を売り乗せします。その場合の損切りポイントは 49 の上が目安です。

第6章

まとめ
（自分に合ったリスク管理）

第1節
繰り返せば上達する
相場へのアプローチ

　相場に絶対はないといいますが、高値で売って、安値で買えば、絶対に儲かります。難しいのは、どこが高値か、どこが安値かの見極めであって、それが分かれば、儲かることは確実ですよね。このことに同意できれば、あなたが相場で収益を上げるためにすることが決まってきます。見極めの精度を高めればよいのです。

　ディーラーは技術職です。そして、短期トレードは技術です。技術であるならば、やり方さえ学べば、後は訓練するだけで上達します。例えば、山越え確認で売り、谷越え確認で買うトレードならば、できるだけ多くの山谷、波動を見て、実際に売買することです。とはいえ、訓練中に破産してはたまりませんから、ミニマムの金額で、例えばFXならば1000通貨単位の売買で訓練を重ねるのです。

　日足は1年でローソク足250本です。250本という数字は1時間足ならば、10日余りでその波動が見えます。1分足ならば4時間と10分です。つまり、1分足で4～5時間トレードすれば、日足でトレードしている人の1年分の相場経験を積むことができるのです。少なくとも、山越え確認で売り、谷越え確認で買うトレードが、圧縮した形でできるのです。

　トレーニング期間が終わった後、自分の適正ポジションでのトレードを始めても同じです。収益を積み重ねながら、どんどん見極めの精度が高まっていきます。

図6−1　チャートを見て売買する訓練を重ねる

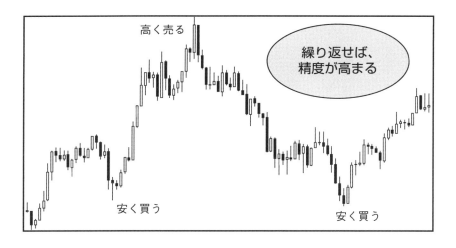

第2節
自分の適正ポジションを知る

　個人投資家向けの資金管理というものがありますが、私は精通していません。というのも、プロの資金管理は会社が行い、個々のディーラーは、その枠内で取引するからです。

　つまり、プロのディーラーは"会社の業務の一環"としてトレードを行うがゆえに、会社のほうで個々のディーラーが使ってよい資金量と保有期間、あるいは損失限度額などを決めています。

　一方、個々のディーラーは、通常、より大きなポジション、つまり資金量を扱いたいと望み、保有期間の自由度を求め、より大きな損失限度額を望みます。そのほうが収益を上げやすいからです。

　もっとも、私に個人投資家にとっての適正ポジションのアイデアがないわけではありません。それをお話しする前に、まず私が体験してきた話をしましょう。

　私は、いくつかの会社でディーリングを行い、数百万ドルから数億ドルのポジションを扱ってきました。そう聞くと、数百万ドルならラクで、数億ドルなら恐かっただろうと想像するでしょう。実はその逆です。不思議ですよね。

　小さなポジションは、外為のインターバンク・ブローカー時代に扱

いました。ブローカーがポジションを持つ理由は、ブローカーのレートは常にファーム（価格情報ではなく、実際に売買できる価格）なので、銀行に売り買いされると、少なくとも一定の金額はコミットしなければならないためです。

しかし、銀行が売り買いしようとしたときに、そのレートがなくなることがありました。例えば、ある銀行が100円10銭で500万ドル売りたいと、ブローカーにオーダーを入れていたとします。ところが、何らかのドル買い材料が出て、（銀行が）その価格では売りたくなくなったとします。そのようなときには、買い手が殺到するもので、「マイン（mine）＝買った」という声と、「オフ（off）＝キャンセル」という声が交錯するのが常です。

また1984年からは、円がらみ以外の、他通貨ペアでのインターナショナル・ブローキングが解禁されました。私はドイツマルク・ペア以外の他通貨ペアのリンク（香港、シンガポール、ロンドンなど、多市場拠点をつなぐ直通ライン）を担当していました。

そうなると、上記のようなケースでは、東京のひとつのレートに世界中の銀行が殺到するようなこともありました。もっとも、そうならないように調整するのが、ブローカーの手腕のひとつではあるのですが……。

それでも、1日に数回は、そういった事故（スタッフと呼んでいた）が起き、ブローカーがポジションを抱えさせられることになったのです。皆が買いたいときに、売り手が足りず、その穴埋めをブローカーが行うわけですから、スタッフが起きたときは、常に評価損を抱えたアゲインストのポジションとなります。

ブローカーの手数料ではとても賄えない金額なので、やむを得ずポジションを抱え、評価損がゼロになるまで待って、買い手の銀行に渡すトレードでした。マルク・ペア以外の他通貨ペアでは、それも私が担当しました。

もちろん、レートが戻らずに、そのまま損失が拡大してしまうこともあります。したがって、スタッフ処理のトレーディングは、その見極めが必要という、非常に厳しいものでした。レートが跳ねてしまうと判断したならば、次のレートでカットするのが決まりごとでした。ラクなわけがないですよね。つまり、会社の許容量が小さいと、小さなポジションでも厳しいのです。

　一方、外債ディーラーのときは、常に億ドル単位でポジションを保有していました。ところが、当時の外債課長はその10倍、円債課長はドル換算でその数十倍のポジションを保有していましたので、ほとんどプレッシャーは感じませんでした。自分の損失など、会社は気にしないレベルだったからです。

　さて、話を戻して、ここで個人投資家の最適なポジション量を提案しましょう。最適なポジション量とは、皆さんにとって「緊張感が持続し、かつ、恐怖感のない金額」です。
　ポジション量が小さ過ぎると、緊張感をなかなか維持できません。緊張感のないトレードでは、どうしてもパフォーマンスが落ちてしまいます。

　一方で、ポジション量が大き過ぎると恐くなり、自分が決めたはずのトレーディング・ルールが守れなくなるのです。
　例えば、山越え確認で売り、谷越え確認で買うトレードでは、損切りポイントが決まっています。山と見なした高値をはっきりと上抜けたところ、谷と見なした安値をはっきりと下抜けたところです。損失は簡単に出してはいけないので、カットすべきかどうかを真剣に、とはいえ瞬時に判断して決めます。
　しかし、ポジションが大きいと、まだ損切りポイントに達していな

くても、プレッシャーに耐え切れずに、カットしてしまいやすくなるのです。

　早めにロスカットしてしまった後、損切りポイントに届かずに価格が反転すると、そこがダブルトップやダブルボトムとなり、絶好の売り場、買い場となります。せっかくの収益チャンスを潰して、損失を出してしまうことになるのです。

　ここまでの話で分かるように、自分の適正ポジションを知ることが、そのまま自分に合ったリスク管理となります。また、最大の収益効果をもたらすのです。

　なお、自分の適正ポジションは、常に変動します。基本的には経験と実績、資金量が増えるにつれて、適正ポジションは大きくなりますが、損失が続くと、ポジションを保有するプレッシャーが高まってきます。そのときは、ポジションを小さくすることで、適正ポジションに調整していくのです。

図6－2　自分に合ったリスク管理

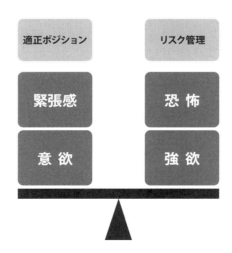

環境リスクをもろに被る長期投資や、少なからず被るスウィングトレードに比べ、短期トレードは、目の前で収益が確定します。この差は、長く続けるほど目に見えて広がります。それは当然です。時間の経過が環境リスクを高めるからです。

したがって、収益拡大の１番目は、短期トレードを行うことになります。

次に、本来ならば50％でしかない勝率を、学びと経験とで、１％ずつでも引き上げるようにします。

３番目は、損小利大を心掛けることです。具体的には「エントリーを早く、エグジットは慎重に」を基本方針にします。

４番目は、ポジションサイズです。「勝てるときに大きく、負けるときは小さく」です。これは適正ポジションを常に自分に問いかけることで、自ずと最適になります。

最後に挙げるのが最も大事な点で、売買を繰り返すことです。トレーディングは「労働」です。怠けていては、収益拡大は叶いません。

図6－3　収益拡大のコツ

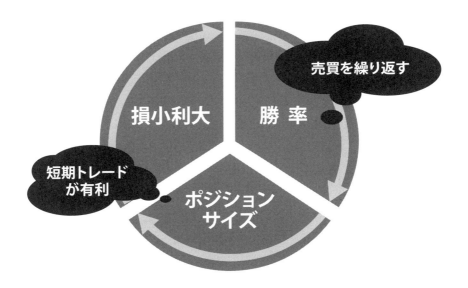

第4節
右端での対処（値動きに反応する）

　ここまで読み進めて、相場の見方が違ってきたと思います。今まで相場を誤解していたのは、あなただけではありません。プロでも大半が相場を知らないのです。だからこそ、○○ショックが起こったり、金融機関やヘッジファンドの多くが大損をしてしまうのです。そして、世間に「相場は恐いもの」という、間違った印象を植えつけてしまうのです。

　もっとも、長期投資家にとっては、マイナス金利政策やマイナス利回りという環境は最悪ですから、恐い環境であるのは事実です。
　私は、これまで何人ものプロの投資家から「目から鱗が落ちた」と言われてきました。大手投信の大勢のファンドマネジャーを前に、講演したこともあります。勤めていた会社の役員に可愛がられただけでなく、投信協会の会長（元のライバル証券会社の副社長）にも目をかけられるなど、多くの金融機関の資金運用者から支持されてきました。すべて昔の話です。

　どうしてこんな昔話を持ち出すかというと、相場に対する世間の誤解が、まだ解けていないと感じるからです。2012年後半以降の基本的には上げている日本株市場で、日本の個人投資家は日本株を売り続けています。2017年も株式市場の主役は、日銀と年金、そして海外

勢でした。私が「長期投資はリスクが大きい」と話す意味は、「株は恐いからやめろ」という意味ではありません。

　相場に対するもうひとつの大きな誤解は、「ファンダメンタルズ分析やテクニカル分析が絶対だ」と思い込むことです。ディーラーは技術職ですので、他の技術職で例えてみましょう。ただし、私には経験がありませんので想像での話です。

　寿司職人は毎日、寿司を握ります。毎日、同じような仕事をしているようで、その実、常に微妙な調整に迫られています。なぜなら、素材が毎日違い、顧客が毎日違い、気候や天候が毎日違うからです。素材の質や天気などに合わせて微妙な調整ができないと、おそらく顧客には支持されません。

　他の技術職やスポーツ選手なども、行うことは基本的に同じでも、その環境が毎日違うので、その都度、微妙な調整がいるのです。相手に合わせるのでなく、相手の出方に、自分のやり方で対処するのです。それができないと、一流にはなれません。

　ディーラーの仕事は対処の連続です。価格は常に変動しているので、それに合わせた対応を迫られます。短期トレードでも、週足、日足、時間足、分足の順にチェックすることが大事なのですが、なかでも最も大事なのは右端の動きへの対処です。これまで述べてきたように、価格が上がるか下がるかで、まったく違う対応、つまり、買いか売りかを決めねばならないのです。

　このことの意味が分からない。あるいは、自分には難しそうだと思われる人は、もう一度、本書を最初から読んでください。それでも誤解が解けないようでしたら、私の力不足です。もっともっと精進して、皆様に伝わるような伝え方ができるように努めます。

【特別コラム：著者レポート】
貸出・手数料ビジネスの利益、過半数の地域銀行（地銀）でマイナス

※特別コラムは著者のレポートのためほぼ原文のママ紹介

　昨年（2016年）、金融庁は平成27事務年度の「金融レポート」で、「地域銀行の顧客向けサービス業務（貸出・手数料ビジネス）の利益を推計・試算し、2025年3月期には約6割で当該利益がマイナスになる」との試算結果を示した。

　2017年3月期決算を踏まえた直近の「金融レポート」では、「前期と比べ、貸出利鞘が縮小し、役務取引等利益も減少するなど、顧客向けサービス業務の利益は過半数の地域銀行でマイナスとなっており、平成27事務年度の推計・試算を上回るペースで減少している。現状、地域銀行のバランスシートの健全性に問題があるわけではないが、多くの地域銀行で顧客向けサービス業務の収益低下が続くといった収益性の問題を抱えている」と、指摘した。

◆平成28事務年度「金融レポート」

参照ＵＲＬ：http://www.fsa.go.jp/news/29/Report2017.pdf

　「金融レポート」は銀行に関するものだけではないので、次ページに目次だけ紹介しておく。興味のある方々は、上のＵＲＬからＰＤＦファイルが開けるので、参照頂きたい。

目次

はじめに

Ⅰ 金融システムの健全性確保と金融仲介機能の発揮

1. 我が国の金融システムの現状
 （1） 我が国の金融システムを取り巻く世界経済・金融市場動向
 （2） 我が国の預金取扱金融機関の現状

2. 各金融業態の現状と課題
 （1） 預金取扱金融機関
 （2） 保険会社
 （3） ゆうちょ銀行・かんぽ生命保険
 （4） 証券会社等
 （5） 貸金業者

Ⅱ 活力ある資本市場と安定的な資産形成の実現、市場の公正性・透明性の確保

1. 顧客本位の業務運営の確立・定着等を通じた家計の安定的な資産形成

2. 機関投資家による投資先企業との建設的な対話の促進とそれを通じた企業価値の向上

3. 資本市場の活性化・利便性向上

4. 市場の公正性・透明性の確保に向けた取組みの強化

目次

Ⅲ その他の金融行政の重点施策

1.IT 技術の進展等への対応

（1）フィンテックへの対応
（2）サイバーセキュリティの強化
（3）株式等の取引の高速化への対応

2.国際的な課題への対応

（1）金融規制・監督のあり方についての国際的な提言
（2）IFIAR を通じたグローバルな監査の品質向上に向けた積
極的な貢献
（3）国際的なネットワーク・協力の強化

3.顧客の信頼・安心感の確保

4.その他の重点施策

Ⅳ 金融当局・金融行政運営の変革

1.検査・監督のあり方の見直し
2.金融庁のガバナンスの改善

◆地銀は本業での赤字を、運用資産の「益出し」で穴埋めしている

　「金融レポート」は 142 ページにわたるため、預金取扱金融機関（銀行等）を中心に、以下に要点だけを抜粋する。

A）環境

　1）世界経済は、2008-9 年の金融危機以降、各国において緩和的な金融政策が採られたこと等から、回復基調にある。

　2）この間、国際的な金融規制の強化が進められたこと等から先進国の銀行セクターはその資産規模を縮小させているが、ミューチュアルファンド等のノンバンクが大きく資産規模を拡大させている。

　3）また、世界的に低金利環境が継続しており、そうした中、より高い利回りを求める投資行動により、流動性の低い資産や低格付けの資産に対する投資が広がっている。足下、世界経済は緩やかに回復しているが、リスク性資産の価格は世界経済の成長を上回るスピードで上昇傾向にある。

このあたりの認識は私も同じで、膨大な資金供給が景気を緩やかに回復させているが、同時に、カネ余りと低金利政策に伴う運用難で、リスク資産が大幅に買われている。

B）銀行等

　1）収益動向を見ると、その主体である資金利益は、主要行等では、国内業務部門において、継続的な貸出利鞘の縮小に伴って減少が続いているほか、国際業務部門においても、外貨調達コストの上昇等により、前年度に引き続き減少した。地域銀行でも、貸出残高は増加しているものの、一層の貸出利鞘の縮小によって、資金利益の減少が続いている。

　2）預金取扱金融機関の円金利リスク量を見ると、主要行等は横ばいで推移する一方、地域金融機関は徐々に拡大傾向にあり、自己資本対比では主要行等と比較して、地域銀行は約3倍、信用金庫・信用組合は約4倍となっている。

　3）金利の低下が、我が国の預金取扱金融機関の資金利益を押し下げている。現在の金利環境が続くと、今後においても、金融機関が保有する比較的高い金利の融資や債券が次第に低金利の融資・債券に置き

換わり、資金利益の低下圧力が継続することが予想される。

　他方、現在の金利環境や資産価格を前提として有価証券運用や不動産関係の融資でリスクを取る動きがみられる。世界的な経済・市場の動向に不確実性がある中、予期せぬ金利の上昇や資産価格の下落に直面しても、自らのバランスシートが大きく傷つかないよう金利リスク等の適切なリスク管理が重要である。

４）３メガバンクの国際業務部門においては、過去10年間に貸出金が約３倍に増加するとともに収益に占める割合が20％台半ばから約40％に上昇するなど、グローバルな経済・市場環境の動向からの影響が以前に比べはるかに大きくなっている。

５）外貨貸出が外貨預金・外貨建社債等を超過している構造は変わらず、米ドルなどの調達コストは高止まりしている状況に鑑みれば、外貨調達の安定化への取組みや外貨流動性管理の高度化は引き続き重要な課題となっている。

　カネ余りと低金利政策とで、国内の運用先からは利益が見込めず、海外やリスク資産に活路を見出している。これは、（直接投資に伴う）為替リスク、外貨調達リスク、金利リスク、

信用リスク、流動性リスクなどが増えていることを示している。また、国内ではアパート・ローンやカード・ローンを大幅に拡大したことが問題ともなった。

C）地銀等

1）具体的には、地域銀行全体として、

ⅰ）金融緩和政策の継続により、長短金利差が縮小し、収益性が低下している。

ⅱ）金利の比較的高い既存貸出の返済・借換や保有債券の償還が進み、金利の低い足下の新規貸出や債券に置き換わるため、貸出金や有価証券全体の利回りが低下。

ⅲ）中長期的にも生産年齢人口の減少により借入需要が低下し、貸出残高が減少する一方、預金保有残高の多い高齢者の割合が増加するため、預貸率が低下する。

2）地域銀行においては、預貸率の低下に伴い、収益に占める有価証券運用の割合が高まっており、リスクテイクに見合った運用態勢やリスク管理態勢の

構築がこれまで以上に重要となっている。

3）こうした中、顧客向けサービス業務の利益がマイナスとなっている地域銀行の多くは、有価証券運用による短期的な収益への依存を一段と高めており、その結果、金利リスク量が増加している。

図表：Ⅰ- 2 -（1）- 9　　益出しが当期純利益に占める割合の分布（2017 年 3 月）

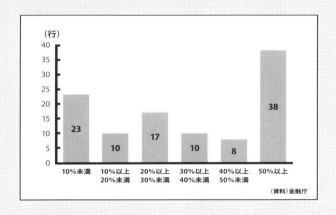

一部の地域銀行においては、以下のような事例が認められた。

ⅰ）当期純利益を確保するため、投資信託の解約益や債券・株式の売却益（益出し）に大きく依存している事例。中には、購入した株式「ブル型ファンド」と「ベア型ファンド」のうち、利益が出るファンド

のみを売却する一方で、含み損の損切りを先送りしている事例もあった。

ⅱ）利息配当金収入の増加を図るため、市場環境の変化によっては、将来的に大きな含み損を抱えるリスクを十分考えずに、残存期間が極めて長い債券や投資信託への投資を拡大し、金利リスク等を増加させている事例。

ⅲ）構造的に預貸率が低く、自ずと有価証券運用による収益への依存が高まる中、リスクテイクに見合った運用態勢やリスク管理態勢が不十分であり、専門人材の育成・確保等を含めた態勢の強化を図る必要がある事例。

　前ページに掲載した「図表：Ⅰ－2－（1）－9」は、必ず見て頂きたい。
　本業では過半数の地銀が赤字なのだが、こうした益出し（例：株式「ブル型ファンド」と「ベア型ファンド」のうち、利益が出るファンドのみを売却する一方で、含み損の損切りを先送りなど）で、黒字決算としているのだ。過半数の地銀が営業赤字なので、益出しに収益の30％以上を依存している銀行が56行（53％）、うち半分以上を依存している銀行が38行（36％）もある。

ちなみに、上記の含み損の先送りは、指導の対象になると思う。となれば、指導を受けた銀行の来期は、営業赤字の上に、含み損の実現化で、大赤字は免れないのではないか？

　一方、含み益を計上せずに先送りすると、脱税と見なされるので、基本的には行われていない。

◆金融機関は、本業では生き残れない？

　くどいようだが、日本経済は消費税導入（1989年4月）の翌年から減速し始め、デフレ入りする。また、赤字を意味する欠損法人が急増し始めるのも、同時期だ。

　このことは、資金需要の減退、利鞘の縮小、信用リスクの増大を意味する。つまり、銀行経営の厳しさは、1989年4月に始まったのである。

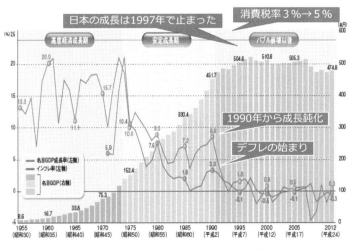

出所：内閣府「国民経済計算（GDP統計）、総務省「消費者物価指数」

バブル崩壊を経て、1997年4月に消費税率が3％から5％に引き上げられ、日本経済の規模がピークをつけた。1997－98年には、大手金融機関が連鎖的に経営破綻した。

　長期低成長、長期デフレで、超低金利政策を続けたが、効果はほぼ赤字会社の存命だけに留まった。一方、2013年4月からは異次元緩和による未曾有の資金供給、2016年1月からマイナス金利政策と、日銀の政策が金融市場の歴史からはみ出したため、銀行経営の厳しさは「想定外」のものとなっている。

　同時に、日本政府の累積赤字、公的債務の規模も未曾有のものとなったうえ、緩和政策に伴う短期金利市場の消滅、国債市場の流動性欠如、日銀の大株主化など、政府当局が抱えるリスクも「想定外」の大きさだ。加えて、無限であるはずがない国債購入や、株式購入の出口戦略に伴う経済や、市場、金融機関への悪影響も無視できない。つまり、日本政府は引き返すしか活路のない、行き止まりの長いトンネルを前に前にと加速しているような状態だ。

　地銀の過半数が本業で赤字。赤字の穴埋めは一か八かの博打の「益出し」。生き残りにはリスクを取るしかないが、それでは銀行業の「安全、安定」を損なう。これ以上の緩和政策の継続は赤字を拡大させるだけ。一方で、緩和を止めれば、回復基調の経済が失速。こういうのを八方塞がりと言う。

　だからこそ、私は「消費税導入＋法人減税＝経済縮小＋財

政悪化」の税制改革を、トンネルの入り口だった 1989 年以前に戻すしかないと、しつこく述べている。

トレーダーに必要な資質とは？

（質問）

　プロのディーラーは最短で、３カ月でクビになります。金融機関に新卒で入社し、本社の他部署や支店などで勤めた人が、ディーリングルームに配属され、３カ月で見切られるというのは、酷な感じがしませんか？　また、他社からディーラーとして入社してきた人でも、３カ月でクビというのは、あんまりですよね？　そんなに大損したのでしょうか？

（回答）

　３カ月で見切られる人というのは、トレードで損失を出した人ではありません。犯罪行為やルール破りもしていないのに、損を出したからとクビにしていては、会社はその損を取り返すことができません。雇った人の責任にもなってしまいます。そんな短期間に見切られる人は、ディーラーに向いてない人なのです。端的に言えば、トレードをしない人です。

　トレードに向かない人とは、まずは、指示待ちの人。自発的でなく、人に従うことを好む人です。これでは、雇った人は自分でやりますよね。

　次は、失敗を過度に恐れる人です。相場では結果がすぐに出ます。だからこそ、失敗しても修正がすぐ利くのですが、そこでへこたれていては、失敗は失敗のままで終わります。

　第３は、何でも他人のせいにする人です。

あとがき

　相場は恐いものではありません。取ったり取られたりの繰り返しですが、うまくいけば収益が残り、失敗すれば学びと経験が残ります。

　とはいえ、投資で大損したというような話を聞くと、「相場は恐い」となりますよね。でも、投資を避けている人も、実際には間接的に投資を行っているのですよ。

　例えば、我々は年金を支払っています。年金機構は我々の年金を投資運用しています。その運用がうまくいかないと、支払額が増額されたり、受取額が減額されたりします。

　保険も同じです。保険会社は我々が支払った資金を投資運用し、その運用がうまくいかないと、保険金が値上がりします。

　貯蓄も同じです。銀行や郵貯、信用金庫などは、我々が預けた資金を、ローンや証券投資などで投資運用します。運用がうまくいけば、金融機関の給与が上がったり、株価が上がったりしますが、預貯金の金利は上がりません。失敗すれば1000万円以上はなくなってしまい、公的支援を受ければ、税金が上がります。

　国の経済政策も同じです。運営に失敗すれば税金が上がり、デフレ対策としてマイナス金利政策や国債利回りがマイナスになれば、民間から国に資金が移動します。皆さんが行っている間接的な投資は、少なくとも過去20年以上は失敗続きで、その結果、諸外国と比較した日本人の生活レベルは大きく低下しました。

　そういったことを知らずに、投資を避けているから安全だと思い込んでいた人には、「不都合な真実」を告げることになってしまい、ごめんなさいとしか言えません。そういうことを知っていても投資を避

けている人々は、失敗続きの人々をまだ信じ続けているか、自分よりはそれでもましだと考える、自己肯定感の低い人なのでしょうか？

　投資を他人任せにし、自分自身での投資に踏み切らない人は、そういった生活レベルの低下を、他人のせいにし続けるしかありません。人生が一度きりしかないことに鑑みれば、自分にできることをしないのは、なんだかもったいない話です。

　私は、自分自身での投資に踏み切らない人は、単に相場のことをよく知らないだけだと思っています。だからこそ、私はプロディーラーの秘伝を、本書にすべて公開しました。

　大切なのはこれからです。本書で知ったことを、「学んだ」だけで終わりにしないでください。実践してみてください。何度も何度も、合理的に正しいと思われる練習を繰り返すことでのみ、技術は上達します。取引した波動の数だけうまくなれるとすれば、１分足が有効です。
　知っていることと、使いこなすことは別の話です。自動車の教習所と同じで、知っただけでは運転はできません。車を動かすという経験が絶対に必要になります。
　最初は小額で始めてください。試行錯誤を繰り返しながら実戦経験を積み、自信がつけば金額を10倍にでも増やしてください。失敗すれば減らします。その繰り返しで、緊張感と恐怖心でバランスを保てる「自分の適正ポジション」が掴めるようになります。
　私は本書で出し惜しみはしていませんが、それでも疑問点がある方々は、投資の学校（https://toushi-school.net）や、生き残りディーリング塾（http://s-dealing.com）に、お問い合わせください。
　本書を読んだ皆さんに、素敵な投資ライフが訪れることを祈ります。

著者紹介：矢口新

　1954年生まれ。和歌山県立新宮高校出身。早稲田大学中退、メルボルン大学卒業。アストリー＆ピアス、野村證券、グリニッジキャピタル・マーケッツ、ソロモン・ブラザーズ、スイスユニオン銀行（ＵＢＳ）、ノムラ・バンク・インターナショナルにて、主に為替、債券のディーラーを勤める。2002年5月株式会社ディーラーズ・ウェブ（投資顧問業）創業。2013年5月まで代表取締役社長。2013年1月より、「生き残りディーリング塾」主幹。2014年4月より、「投資の学校」講師。

　著書『実践・生き残りのディーリング』は、現役ディーラーの"座右の書"として、高い評価を得ている。他の著書はホームページにて。

・ホームページ：http://aratayaguchi.web.fc2.com/
・生き残りディーリング塾：http://s-dealing.com/

2018年1月3日　第1刷発行
2018年3月2日　第2刷発行
2018年7月2日　第3刷発行
2019年6月2日　第4刷発行

矢口新の短期トレード教室

著　者	矢口新
発行者	後藤康徳
発行所	パンローリング株式会社
	〒160-0023　東京都新宿区西新宿7-9-18-6F
	TEL 03-5386-7391　FAX 03-5386-7393
	http://www.panrolling.com
	E-mail　info@panrolling.com
装　丁	パンローリング装丁室
組　版	パンローリング制作室
印刷・製本	株式会社シナノ

稼げる投資家になるための
投資の正しい考え方

著者：上総介（かずさのすけ）

定価 本体1,500円＋税　ISBN:9784775991237

投資の基本原則とは何か。陥りやすい失敗とは何か。攻撃するときの考え方とは何かなど、本書では、全6章30話からなる投資の正しい考え方を紹介しています。

投資家心理を読み切る
板読みデイトレード術

著者：けむ。

定価 本体2,800円＋税　ISBN:9784775990964

板読み＝心理読み！の視点に立って、板の読み方や考え方だけではなく、もっと根本的な部分にあたる「負ける人の思考法」「勝つための思考法」についても前半部分で詳説。

生涯現役のための海図編
生涯現役の株式トレード技術
【生涯現役のための海図編】

著者：優利加

定価 本体2,800円＋税　ISBN:9784775990285

数パーセントから5％の利益を、1週間から2週間以内に着実に取りながら"生涯現役"を貫き通す。そのためにすべきこと、決まっていますか？わかりますか？

「敵」と「自分」を正しく知れば
1勝1敗でも儲かる株式投資

著者：角山智

定価 本体1,500円＋税　ISBN:9784775991398

己を知らずに良い手法を使っても、効果は一時的なものになるでしょう。でも、自分の弱みを理解し、己に打ち勝つことができれば、継続的に手法の効果を実感できるでしょう。

あなたのトレード判断能力を大幅に鍛える
エリオット波動研究

一般社団法人日本エリオット波動研究所【著】

定価 本体2,800円+税　ISBN:9784775991527

基礎からトレード戦略まで網羅したエリオット波動の教科書

エリオット波動理論を学ぶことで得られるのは、「今の株価が波動のどの位置にいるのか（上昇波動や下落波動の序盤か中盤か終盤か）」「今後どちらの方向に動くのか（上昇か下落か）」「どの地点まで動くのか（上昇や下落の目標）」という問題に対する判断能力です。

エリオット波動理論によって、これまでの株価の動きを分析し、さらに今後の株価の進路のメインシナリオとサブシナリオを描くことで、それらに基づいた「効率良いリスク管理に優れたトレード戦略」を探ることができます。そのためにも、まずは本書でエリオット波動の基本をしっかり理解して習得してください。

エリオット波動入門
相場の未来から投資家心理までわかる

ロバート・R・プレクター・ジュニア、A・J・フロスト【著】

定価 本体5,800円+税　ISBN:9784775971239

20周年記念版に関する出版者のノート

本書の初版本は1978年に出版されたが、そのときのダウ工業株平均は790ドルだった。初版本が出版されると、書評家たちはこぞって波動原理に関する決定的な参考書だと称賛したが、残念なことにベストセラーとなるには数十万部も及ばなかった。しかし、本書の興味あるテーマと長期の株価を正確に予想したことに対する関心が大きく高まったことから、毎年増刷を続け、ついにウォール街では古典の地位を獲得するまでになった。波動原理そのものはもとより、本書も長い時の試練に耐えている。

相場の上下は考えない
「期待値」で考える株式トレード術 増補版

定価 本体2,000円+税　ISBN:9784775991596

相場変動に左右されない、期待値の高い取引
＝サヤ取り投資

投資で利益を出すにあたって、予測的な側面を重視する投資家の数は多いことでしょう。しかし、そのやり方では、いつまでたってもイチかバチかのギャンブル的な要素が漂う世界から抜け出すことはできません。相場の流れは誰にもわかりません。わからないということは、予測してもあまり意味がないということです。それではいったい、私たち投資家がすべきことは何なのでしょうか？ 答えを先に言うと、正しい行動を取ればいいのです。具体的には、期待値がプラスになるような優位性のある行動を取らなければなりません。運の要素を取り除いて、純粋に確率論で物事を判断する必要があるのです。

イベントドリブントレード入門
価格変動の要因分析から導く出口戦略

定価 本体2,000円+税　ISBN:9784775991664

「価格を動かす正体が分かっているものに対して、その現象を利用し利益を上げようとする手法」

本書で紹介している戦略の多くは、「需給の歪みを利益の源泉」としている。需給という尺度で売買を考えなければならない。需要と供給のバランスが崩れたときが利益を上げるチャンスだ。例えば「必ず買わなければならない。売らなければならない」、こんな状態の投資家がいれば、当然需給は崩れる。インデックスファンドが行うリバランスの売買が一例だ。これを利用して有利なトレードができる。利益の源泉がはっきりしている好事例だ。本書の楽しみはイベント探しと検証にある。それは金鉱探しに似たものだ。みんなで将来のキャッシュを掘り当てよう！

投資のやり方は
ひとつではない。
"百人百色"のやり方がある！

凄腕の投資家たちが
赤裸々に語ってくれた、
投資のやり方や考え方とは
いかに……。

好評発売中